京都怪奇談 2

續・怪談和尚の京都怪奇譚

三木大雲
徐欣怡 譯

目次

前言

本書中撰寫的內容，全是我所見所聞的故事。不過我在敘述時，刻意避免完全按照事實。執筆前，也事先取得了親身經歷的分享者及相關人士的同意，且通篇採用假名，避免真實的地點與個人身分曝光。因此一部分內容是由事實更動而成，望各位理解。

在此先提出聲明，是因為這些故事中包含了許多不符合科學原則的內容，提供親身經歷的人士有招致誹謗、中傷的風險。在這層意義上，或許應該說本書內容是根據事實而創作出來的虛構故事。

看到這裡，我想也會有人認為，那不要寫不是比較好嗎？但我之所以撰寫本書，是出於一個目的。

我在靈異故事、奇異體驗這類人類難以理解的故事中，看見了我們這些活著的人應該學習的道理。

與其計較故事到底有多少真實性，我更專注於從中體會神佛的存在，對祖先的感謝，還有對亡者的念想，汲取對我們的生活有助益的教誨及戒律，我希望能將這些智慧分享出去，才會寫下一篇又一篇的故事。

從任何地方開始翻閱都沒關係。如果讀者能以看民間故事的心態來閱讀，我就心滿意足了。

第一章

無念

眾生必有心。不，就連已離世的亡者也依然擁有心。

從上方把心這個字完全遮蓋住，以這個形貌為基礎所創造出來的，就是「念」這個字。因此念這個字代表的就是，一心一意惦記著某個人事物、放不下的心境。

放下這個念，什麼也不想的狀態，在佛教中就稱為「無念」。原本無念這個詞，指的是脫離執著的美好境界，但在現代日本，不知為何很多人反倒理解成相反的意思，認為這個詞是鑽牛角尖的意思[1]。

這個念，並非眼睛所能看見的事物。因此它是否真實存在，沒辦法用科學方法證明。

不過，這個世界上充滿了生者及亡者的念，其中有善念，亦有惡念。實際上，由這些念引發的怪異現象也相當多。

即使生命終結也依然持續運作的念，真的會有消失的一天嗎？

1 日文漢字「無念」，在日本同時擁有「放下執著」及「執著」這兩個相反的意思。但在中文世界中，無念只有前者的意思。

敲門聲

「要不要一起去靈異景點探險？」一位認識的男大學生如此問我。

我偶爾會接到這類邀請。不過除非出於供養目的，或真有必要跑一趟的情況，我一律不會同行。

更何況這一次他只是想找樂子，覺得夏天就該去靈異景點探險，那我自然是回絕了。

他後來又問了幾個朋友，但所有人都拒絕，最後只好孤身一人前往靈異景點。現在回頭想想，或許當時我陪他一起去比較好。

下面這個相當具衝擊性的故事，是他事後告訴我的。

我一個人逛完靈異景點，回到獨居的公寓時，才剛過半夜一點。

那一天的夜晚又悶又熱，我一進房就伸手去拿擺在床上枕頭旁邊的冷氣遙控器，按下開關。

剛才用手機在靈異景點拍下的照片中，有沒有照到什麼好東西呢？在我心中，檢查照片這項工作也充滿了夏日風情。

正當我逐一將幾張照片放大、調亮顏色並仔細確認畫面時，忽然聽見「叩叩」的聲響。

「是心理作用嗎？」我安靜下來豎耳傾聽，又聽見了「叩叩」。聲音明顯是從陽台傳進來的，而且聽起來像是敲擊陽台平開窗的聲音。

我拉開窗簾，透過平開窗看向陽台，卻沒看到任何東西撞擊窗戶的痕跡。

拉上窗簾後，我心裡有點毛毛的，想用一些其他聲音來消除不安感。就在我準備開電視，正伸手要拿電視遙控器的時候，又響起了「叩叩」的聲音。

而且這次聲音的來源並非陽台，而是玄關。有誰在敲玄關的門。

我瞥了時鐘一眼，深夜一點半，我心想，應該不可能有人在這種大半夜造訪。這時，玄關再次響起「叩叩」的敲門聲。

我一把拉開玄關的門，卻不見任何人影。

這下我實在怕了，立刻鎖上玄關的門，扣上門鏈，再回到臥室，看到窗簾一直在晃動。我拉開窗簾，發現原本絕對有關好的平開窗，現在卻開著。

我腦中頓時一片空白，關上窗戶，鎖上門，也顧不得關燈換睡衣就直接整個人鑽進棉被裡。不知道出於什麼原因，在這種情況中躲在被窩讓我感到安全。我一心一意祈求「趕快天亮」。我打算一直到天亮之前，都不要離開被窩。

雖然冷氣開著，但我還沒有換下外出服，躲進被窩才過了大約十分鐘，我就漸漸感到悶熱了。如果直接這樣撐到早上，我八成會出現脫水症狀，於是我馬上決定要把冷氣調強一點。

冷氣的遙控器平常都放在枕頭旁邊，只要稍一伸手就能拿到。我這麼想著，然後把一隻手伸出棉被外，憑印象摸索遙控器的位置，沒想到摸了老半天都沒摸到，我只好掀開一個細縫，從被窩朝枕頭的方向看。但房裡太暗了，我什麼都看不見。

房間裡的電燈剛才明明是亮著的，現在為什麼熄了……？我更害怕了，再次將全身縮進棉被裡。

這時，突然響起「嗶嗶嗶嗶」的電子音效，空調發出「轟轟」的巨大聲響，開始運轉。

有什麼東西在這間房裡。肯定是從陽台進來的。那傢伙會跑去玄關敲門，一定是想把我的注意力從陽台引開的陰謀吧。它到底想幹嘛。就在我尋思對方目的為何時，猛地注意到一件事。房間裡的溫度明顯升高了。剛才的電子音效，是打開空調暖氣強風的聲音，看來對方這次的企圖是要逼我離開被窩。

此時，又再次響起「叩叩」的敲擊聲。那個聲音明顯是從我所在的這張床下傳來。

「叩叩、叩叩。」

敲擊乾燥木頭的聲音。悶熱導致的口渴。最重要的是，我不可能在這種恐懼中熬到早上。一想清楚這點，我便決心要從房間逃出去，

我一遍又一遍深呼吸，努力使自己冷靜下來。再三告誡自己，待會不管房間裡發生什麼事都千萬不可以停下來，一定要直接衝出玄關那扇門到外頭去。

我深吸一口氣，在心中默數「一、二、三」，雙手便猛地掀高棉被，在床上站起身。房間中一片漆黑。我正要下床，右腳剛踏到地板的瞬間，就有東西一把抓住我的右腳踝。

我看都沒有看那東西一眼，一鼓作氣拖著那東西朝玄關的門跑去。

我打開門鎖，正在卸門鏈時，這次換左膝蓋上方從後面被抓住了。同時，右側腰際也傳來被抓住的感覺。那東西恐怕是開始在我背後往上爬了。

終於卸下門鏈，我一把拉開門，沒想到這時候，有一道聲音叫我的名字。我嚇得心臟都要停了，眼前卻站著大雲住持。

沒錯。那天夜裡，我莫名掛心他，儘管時間都半夜了，還是決定跑一趟。一到他家，就正好撞見他面色如土、滿頭大汗地衝出門來。我不斷輕拍他的後背，帶他回寺裡。我在回寺的路上不斷輕拍他，自然是為了安撫他的心情，不過其實……當時有無數隻手緊緊抓著他的背後，如果置之不理，他不曉得會被拖到哪裡去。

打算將他拖進恐懼深淵的那些手，說不定，就是他自己從靈異景點帶回房間的。

電影社

「拜託，可以麻煩您擔任靈異電影的監修嗎？」

向我提出這項邀請的，是某間大學的電影社學生。

我並不了解監修這個職位的含義，但製作電影是一件有價值的事，而且他們對於這次作品的熱情，那種年輕人特有的、朝一個目標向前衝的拼勁打動了我，等我回過神，已不小心一口允諾。

現在回過頭想想，我不禁反省當時實在應該深思熟慮才對。

促使我反省的契機，是電影的勘景工作。勘景工作指的是，事先實地探勘要進行拍攝的場所或建築物，類似於預先試拍的意思。這一天要去京都市內的廢棄大樓拍攝，原本三位學生約好了碰面，沒想到就這麼剛好，其中兩位忽然說肚子痛不能去了。

剩下的那個人是女學生。一般人遇到這種情況，多半會心生不安或恐懼，稍微遲疑。她不一樣。儘管要拍攝的是靈異電影，但她並不相信靈異現象真的存在。

這棟廢棄大樓在靈異愛好者間算是相對知名的建築物，不過對於她這種初次造訪的人來說，地點並不好找。因此等她終於抵達目的地時，已經將近黃昏了。

那棟建築物矮到不能稱作大樓，只有三層樓高，入口位在正中央，兩側的房間左右對稱。按照她的說法，外觀看起來簡直就像張大嘴巴的人臉。

她立刻拿起攝影機開始拍攝，走進建築物裡。她先拍了左右兩側的房間，再往樓上走去，一直走到最高的三樓，踏進左側的房間。每間房的結構都一模一樣，有一扇大窗戶。不過只有這間房的窗戶下面，用紅色噴漆寫著：

「絕對不要看。」

這時，她因為拍到好「畫面」而大感欣喜。她緊緊盯著攝影機的液晶螢幕，慢慢朝窗邊走近，從窗戶往下一看。下方是一大片龜裂的水泥地面。

等她取景拍攝完畢，那一帶天色已經暗得差不多了。就算她不相信靈異現象真的存在，內心也不禁有幾分害怕，便馬上動身離開了。

回到大學社團辦公室後，她立刻播放方才拍到的影像，動手剪接。滿腦子只想著要趕快剪一個版本給社團其他成員看，確認這種方式的拍攝效果。

一開始剪接工作，她就完全忘了時間，等她回過神，學校裡靜悄悄的，時鐘上的時針已位在十二點的稍右側。

「不如今天就在這裡過夜好了？」

社團辦公室裡平常固定擺著一張簡陋的床，方便大家忙到太晚時可以休息。於是，她躺上床沉沉睡去了。

隔天早上，恢復健康的兩位男學生來到社團辦公室。

「昨天真抱歉。」兩人說著走進來後，她便急著向他們描述稍早前的夢境。

夢中場景是昨天那棟廢棄大樓三樓的房間。夢裡面的自己雙眼緊盯著攝影機的液晶螢幕，同時慢慢朝窗邊走近，然後低頭從窗戶往下看。結果一樓的地面上，有一位男性緩緩向她招手說：「過來，過來。」

「把這一段加進作品裡應該不錯吧。」

她笑容滿面地說。但兩位男學生在聽她敘述時，都感到有點詭異。

當天，完成外出拍攝的其他社員也都來了。大家逐一檢查所有影像，挑選出有潛力的片段，也決定要刪除的部分，一直忙到了深夜。

這一天她再次決定要在社團辦公室過夜，還商借隔壁的社團辦公室讓兩位男學生休息。

關掉社團辦公室的電燈，她躺上床。或許因為連日操勞的緣故，才一闔上眼，她就立刻沉沉入睡。

這裡是——那棟廢棄大樓。她雖然置身在夢境，卻察覺到「又是那個夢」。她盯著攝影機慢慢朝窗邊走近。用鮮紅色噴漆寫的「絕對不要看」幾個字。攝影機緩緩照出一樓的地面，結果那裡又站著一位男性，但這次的情況略有不同。那位男性大幅度揮動雙臂，扯著喉嚨喊「跳下來，快點跳下來」，神情猙獰地望著這個方向……

她感覺自己似乎不跳下去不行，朝前方踏出步伐的瞬間，腹部突然傳來劇烈的壓迫感。

下一刻，「妳在幹嘛！」一聲大吼響徹學校的走廊。

她猛然從夢中驚醒，回過神後，嚇得背脊都發涼了。她不知道什麼時候已走出社團辦公室，正站在走廊上，準備下一刻就真的要從窗戶跳下去。要是男學生沒有及時抱住她的腰阻止，現在會是什麼結果？她一想到這一點就止不住顫抖。

因為這件事，社團製作靈異電影的計畫就中止了。

而那棟廢棄大樓現已拆除，據說以前似乎有人稱那棟廢棄大樓三樓的窗戶為「叫你往下跳的窗戶」。

那邊

在我的寺裡，會在彼岸日[1]或盂蘭盆節[2]等期間舉行儀式，這些儀式不限於檀家[3]，任何人都可以參加。

有一年在盂蘭盆節的法會上，來了一對因為工作緣故從東北搬到京都的年輕

---

1 彼岸日，是日本佛教節日，「春彼岸」指的是春分的前後七天，「秋彼岸」指的是秋分的前後七天，春分、秋分當天則特別稱為彼岸之中日。日本寺院會在這七天間舉行法會，民眾會在法會期間到寺院參拜或祭墓。

2 盂蘭盆節，日本於夏季祭祀祖先的節日，融合日本古代以來的祖靈信仰及佛教文化。原本是以陰曆七月十五日為中間點，但明治年間採用新曆，新曆七月十五日仍處農業繁忙期，故改為新曆八月十五日。在現代日本成為與過年、黃金周並列的重要長期假日。

3 檀家，日本特有的檀家制度，佛教寺院和檀家（以家族為單位，非個人）締結契約，檀家提供寺院經濟上的支援，並將喪葬供養交由所屬寺院負責。

夫妻，兩人的雙親都已離世，他們是為了供養父母而來。

「兩位的雙親過世時都還很年輕呢。」我看著他們拿來的牌位說。

沒想到先生回道：「對。其實我太太的父母跟我爸媽是同時過世的。」

他接著說明詳情。在結婚典禮結束之後，兩人計畫飛到國外度蜜月。而他們為了感謝雙方父母，事先訂好日本國內的溫泉旅館，送四人一起去旅行作為驚喜禮物。

到這裡，還是一段幸福美滿的故事。不料雙方父母住的那間旅館發生火災，四人都在那場意外中不幸過世。

送父母去旅行的這對夫妻一直認為是自己害了爸媽，非常後悔，陷入深深的沮喪之中。

因為這個緣故，即使工作上經常需要調職，但無論搬到哪裡，他們一定都會在附近找一間寺廟供養父母，從無例外。

這對夫妻有一個兩歲的兒子，小朋友從來沒有叫過爺爺奶奶，他們也對孩子深感抱歉。

後來又過了幾個月，這對夫妻再次來到寺裡。

「我兒子有爺爺了。」

我聽不懂先生是什麼意思，但定睛一看，一家三口旁邊站著一位年紀約莫五、六十歲的男性。

他接著向我介紹，這位男性就是小朋友的新爺爺。聽他解釋完來龍去脈後，我才豁然開朗。

一家人與這位男性的緣分，始於參加寺院法會供養雙親後的歸途。

那天他們離開寺廟時，已到了該吃晚餐的時間，一家人便直接去自家附近的小餐館。

走進店內才剛坐下，小朋友突然放聲大哭。「你怎麼了？」不管怎麼哄、怎麼問，小朋友仍舊哭個不停。夫妻倆正束手無策時，一個坐在隔壁桌、年紀大約五、六十歲的男性也加入了哄小朋友的行列。沒想到卻造成反效果，小朋友哭得更大聲了。

這時，餐館的店員打趣地告訴那對夫妻：「望月先生很喜歡小孩，但小朋友都討厭他啦。他每次都反而把小朋友弄哭。」

被稱為望月先生的那位年長男性一臉不好意思地搔搔頭說，「真抱歉。」一邊低頭賠不是。

沒多久，小朋友大概是哭累了，安詳地進入夢鄉了。

「我們家兒子太大聲了，真抱歉。」那對夫妻不好意思地向望月先生賠罪。

「沒事沒事，有這麼可愛的小朋友當孫子，爺爺奶奶真幸福呢。」

他露出溫柔的笑容，望著小朋友睡著的臉龐這麼說。

於是夫妻便坦白告訴他，其實兩人的父母都過世了，小朋友又很想要有個爺爺奶奶，所以想問他是否願意當這個孩子的爺爺。

望月先生沒有家人，和親戚也相當疏遠，一直過著寂寞的日子，他聽完兩人的話後，

「只要你們不嫌棄。」一口就答應下來了。

從那天起，他們便時常邀請望月先生到家裡一起吃飯，就像真正的家人一樣共度團聚時光。

只是遇上了一個難題，小朋友和這個爺爺完全不親。每次只要望月先生走近，小朋友就會大喊「那邊、那邊」，好像在叫他走開。

但望月先生也不氣餒，買來各種點心玩具給小朋友，但小朋友仍是大聲哭喊「那邊、那邊」。

「好，好，我去那邊。」望月先生安撫他，便苦笑走到稍隔一段距離的地方，遠遠看著。

儘管如此，現在望月先生已經就像真正的爺爺一樣。那對夫妻想向父母報告這件事，便請望月先生一同來到寺裡。

他們表示除了想供養過世的雙親，也希望替家人祈求平安。

在我的寺裡，如果接到祈願的委託，一定會詢問對方的姓名和地址。因此我遞上紙筆，請他們寫下來。

「對了，望月先生，你家地址是什麼？」

看來那對夫妻也不曉得望月先生的地址。

「住持，我也一定要寫地址嗎？」

望月先生面帶歉意地詢問。

「抱歉，因為祈願時我要告訴佛祖這些資訊，可以麻煩你寫一下嗎？」我這麼解釋。

不料，至今總是流露溫柔笑容的那位男性忽然變了一個人似地，凶神惡煞地怒道：

「為什麼我一定要告訴你地址才行。你是要調查什麼嗎！」

他的轉變太過突然，嚇了我一跳，那對夫妻看起來比我更震驚。

「望月先生，你怎麼了？只是寫下地址交給住持而已。」

望月先生聽了他的話，臉上浮現「糟糕」的表情，小聲說了一句「抱歉」

後，便獨自離開了。

目送他離開後，那對夫妻這次只供養雙親，就回家了。

發生這件事後又過了好幾個月，有一天，那對夫妻帶著小孩來到寺裡。

「三木住持，我有件事想告訴你。」

先生以奇異的神情開始敘述。

最近，我兒子開始常講話。有一天我太太在準備晚餐時，兒子這麼問：

「媽媽，爺爺會來嗎？」

「今天爺爺不會來喔，為什麼問這個？」

「太好了。爺爺旁邊不是有時候會有一個人一直喊『好燙、好燙』嗎？我喜歡爺爺，但我不喜歡旁邊那個人。」

我聽得一頭霧水，在詳細詢問兒子後，才知道之前兒子有時候會在望月先生的身旁看到一個喊著「好燙、好燙」，全身著火的男性身影。

所以兒子之前喊「那邊、那邊」，應該不是在說「去那邊」[4]，而是想表達那位男性全身發燙。

該不會上次望月先生之所以抗拒祈願，就是因為他遭惡靈附身，而那個惡靈從中阻撓吧？

我常去的店家有店員知道望月先生的地址，所以今天我帶地址過來了。

雖然他本人不在，但能不能麻煩住持幫我們舉行祈願呢？

聽完前面的說明，我自然是接受了祈願的委託，為那對夫妻和小朋友，還有望月先生執行祈禱。順利結束後，一家三口就回去了。

後來我不知怎地想起見到望月先生那時的事。望月先生拒絕在寺裡寫下地址時說了：「你是要調查什麼嗎？」那句話究竟是什麼意思呢？我老覺得有點在意，便上網搜尋了那個地址，一篇報導躍入眼底。

那篇報導在講一間民宅因火災燒毀，地點和望月先生家住址的街區號碼只差了一號。一位男性在這場火災中被燒死，遺體有被人發現。而火災的起因是人為縱火，至今尚未抓到犯人。

站在僧侶的立場，我不會隨便懷疑他人，但那個犯人說不定和望月先生有所關連。也說不定，那個犯人就是……

我能做的，就是供養那位在火災中過世的先生一陣子而已。

4 在日文中，「那邊」的口語是「あっち」，「好燙」的日文則是「あつい」，聽起來相當類似。

麵包店

走在京都街頭上，有一種店家隨處可見。

那就是麵包店。一提到京都，大家就想到醃漬物很有名，多半並沒有愛吃麵包的印象。不過京都人其實經常吃麵包。原因我也不曉得，但我自己也非常喜愛麵包，一星期最少要吃五個。

這次要分享的故事，就發生在京都的一家麵包店。

那家麵包店剛開業不久，內部裝潢依然閃亮如新。開一家麵包店是老闆夫妻的夢想，他們妥善周轉至今點滴存下來的儲蓄和貸款，才得以打造出這家店。

剛開店時，客人佳評如潮，一切順利到他們相信只要能繼續穩定經營，一定能抓住不少回頭客。

沒想到大概從第三個星期開始，客人忽然變少了，就連一些原本幾乎天天報到的客人，不知為何也不來了。

從那天起，夫妻倆每天討論到底是味道不好？還是客人的應對上出了問題？但始終找不出答案。於是他們決定要直接詢問客人不滿意哪些地方，虛心改進。

隔天，他們拿著試吃用的麵包站在店門前，請有光顧過的客人、初次碰面的路人實際試吃，再詢問對方的感想。不過就算再三追問應該改善什麼地方，不曉得大家是不是不好意思直說，每個人都只回答很好吃，沒什麼大問題。就在這時，之前幾乎天天來買的客人剛好經過，夫妻倆立刻上前向對方打招呼，遞出試吃的麵包，詢問是否有需要改善的地方。

沒想到，獲得了出乎意料的回答。

「味道、服務應對上都沒有任何問題。只是，就覺得不太想踏進店裡。」

仔細追問後，那位客人表示他沒辦法說清楚，到底是什麼原因令他不太想踏進店裡，但其他客人聽見他的話也紛紛贊同：「對對，雖然不知道為什麼，但就不太想進去店裡。」

當天關店之後，老闆夫妻針對今天聽到的情況展開討論。

「今天那位客人說的話，你怎麼想？」

面對太太的問題，先生露出難以啟齒的神情回答。

「其實，我有想到一件事，這件事我一直瞞著妳。」

聽見先生有事隱瞞，一路互相扶持走到今天的太太表示自己有點受傷。不過當她明白先生刻意保密是出於體貼之後，心中的不滿也隨之煙消雲散。

先生隱瞞的那件事，發生在剛開店那陣子。這間麵包店有許多客人一早就會來買麵包，因此凌晨兩、三點就得展開當天的準備工作。事前準備是由先生獨力進行，開店前一小時太太才會過來打掃，準備開店事宜。

先生一個人待在店裡時，有時候會聽見「碰」一聲，類似重物落到地上的巨大聲響。

他當然曾想方設法調查聲音的來源，結果卻一無斬獲。後來他去找了當初蓋這間店時委託的工程行，請木工師傅過來檢查，師傅卻表示店面和建築物本體都沒有任何問題。

不過，那次木工師傅正好說了一件事，令先生很在意。在這家店蓋起來之前，這塊地原本是一座停車場。但是有人從隔壁大樓往這座停車場跳下來，過世了。可能是那個人的亡靈夜夜渴求有人供養，才會讓跳樓時的落地聲重新響起也說不定。

其實先生在開店前，就從房屋仲介口中得知這裡曾經有人跳樓自殺。也就是說，他知道這裡是出過意外的地點，才能用相對低廉的價格購入這塊土地。要是讓太太知道這件事，生性膽小的她肯定會心煩不已，所以先生才決定保密。不過事到如今，現在可沒空慢慢處理了。兩人猜想或許就是自殺亡靈的影響，導致大家不太想進入店裡。

於是，那對夫妻一同前來寺裡找我商量。

我們馬上在寺中供養那個亡靈，並約定好今後也會定期持續下去。當時我們認為這樣一來問題就解決了。不料光靠供養並沒有解決這件事。幾天後，那對夫妻又來到寺裡。

「深夜的墜地聲感覺比之前更嚴重了。」

老實說我大吃一驚。墜地聲比之前更嚴重，這項事實也令我受到打擊。但兩位或許是太過疲勞、心累，再加上睡眠不足的緣故，臉色顯得極為疲憊。

「可以給我一點時間嗎？」

當時我強烈感受到，自己一定有哪個環節想錯了。必須再仔細調查一次，應該供養的對象到底是誰。那段期間，夫妻倆決定先去住老家的一個房間，暫時不開店營業。

這件事得盡快解決才行。我接下這份重大責任後，立刻著手調查麵包店蓋起來之前的那起意外，四處打聽消息，查閱當時的報紙。

三天後，我發現自己忽略了一項重大關鍵。在有人跳樓自殺的那一天，跳樓的那位確實如房屋仲介所說的一樣過世了。

不過現場還有另外一個人。當時一位女性在停車場停好車，才剛下車的那瞬間，正好一個人從頭上掉下來。這實在太剛好了。遭到直接撞擊的那位女性，很遺憾地過世了。

我立即告訴老闆夫妻這項事實，在得知整件事的真相後，他們決定兩位一起供養。從那之後，巨大響聲就消失了，生意也蒸蒸日上。

自殺的那個人想必有他自己的苦衷，但那位女性遇上飛來橫禍，對於自身突如其來的死亡，肯定無比悲傷。她一定很不甘心吧。希望有人理解自己的心情，不想被世界忘卻。如此強烈的心情或許才是巨大聲響產生的原因。

符

拐嘰、拐嘰。

「不管我爬得多慢、多輕，這個樓梯都一定會發出拐嘰聲。這也理所當然啦，畢竟是超過五十年的公寓了。」

劈頭就說出這句話的人，是任職於運輸公司的田代先生，年紀在二十五歲上下。

田代先生住在老舊的兩層樓公寓，是單身人士專用的公司宿舍。這棟公寓年代悠久，屋況老到彷彿隨時會腐朽，但最大的優點就是不用房租。

一樓是鐵捲門車庫，目前用來當作公司的倉庫。二樓有八個房間，房門隔著走廊兩兩相對。

雖是保留了昭和風情的懷舊建築，或許不少人擔心耐震性等問題，現在住在裡面的只有田代先生和前輩中川先生兩個人。

中川先生的年紀介於四十五到五十歲之間，目前依然單身，從進公司後就一直住在這棟公寓，可說是這裡的元老了。其實中川先生過去曾來寺裡參拜，因此這次是第二次碰面了。

田代先生也是一進公司就搬進這棟公寓，到現在才過了半年左右。

這回田代先生和中川先生兩個人一起來到寺廟，起因是田代先生做的一個夢。

「要說是夢也確實是夢，但有一半不是夢。」

田代先生像是不想被他人聽見似地，小聲開始敘述。

我很容易入睡，只要睡著就會一覺到天亮，幾乎不會中途醒來，平常也不太做夢。

不過自從搬進這棟公寓後，我變得常常做夢。夢境這種東西，一般來說醒來之後就會忘得一乾二淨，但我起床後仍記得清清楚楚，甚至可以詳細說出每一個細節。

第一次做夢時，我夢見夜裡的我站在走廊上，看著樓梯。一直盯著樓梯瞧時，傳來了拐嘰、拐嘰，有人正爬上樓梯的聲音。

我先是從走廊上看到上樓那個人的頭頂，沒多久，就看到對方的臉了。那是一位長頭髮的年輕女性。不過她低著頭，長相看不清楚，而且在那位女性走完樓梯的前一刻，我就醒了。

從那天起，我隔幾天就會夢見一模一樣的夢。雖然多少覺得有點詭異，但當時我心裡只想著：「原來也有這種夢呀。」並沒有特別害怕，繼續正常過日子。

大概過了一個月後，夢的內容開始有些許轉變。

在新的夢境中，我是從走廊的天花板往下看。從天花板往走廊看去時，那位長頭髮的女性爬樓梯上來了。她踏上走廊，伴隨著傾軋聲緩緩走近，來到我的房間前面，直挺挺地定住不動。

接著她先將頭轉向我對面的房間，身體才跟著轉過去，正面朝向對面中川先生的房間。

下一刻，女性輕聲喚「中川先生、中川先生」，右手開始敲門。一陣子後，叫「中川先生、中川先生」的聲音逐漸大了起來，敲門的右手臂也開始加重力道。那已經不是在敲門，是在咚咚咚地捶門了。

「中川先生、中川先生。」她失控地尖聲大喊，手也開始拍門了。

沒多久，那位女性或許是累了，很失落似地雙手無力垂下，並且像肩膀緊繃時那樣開始轉起脖子。這時，那位女性驀地抬頭望向天花板，和我四目相接。

「嚇死我了。」我感到害怕的那一刻，就從夢中驚醒了過來。

我醒來時，不僅心臟噗通噗通直跳，還滿身大汗。打開房裡的電燈，瞥向時鐘。時間是凌晨四點多。

我不敢再躺回去睡覺，就一直熬到要上班的時間，直接出門工作了。但實在睡太少，下班時我睏得不得了。

回到房間後，我連晚餐都沒吃就躺到床上了。不過一想起凌晨那個恐怖的夢境，就又從床上爬起來，出門去吃飯。

我在附近的日式食堂用完餐後，還是不敢回房間睡覺，只好跑去附近二十四小時營業的漢堡店。才剛在吧檯座位坐下來，我就直接趴在桌上睡著了。

結果在這裡也同樣做了那個夢，夢到一半我就醒過來了。「再這樣下去身體會搞壞，不過就是一個夢而已。」走回宿舍的路上，我不斷這樣跟自己說。

回房後，我開著燈躺到床上，大概是真的累壞了，立刻就進入了夢鄉。

又做了那個夢。這次的視角也是走廊的天花板。然後，平常那位女性緩緩地在走廊上前進。

她來到我的房間前面，轉身面向中川先生的房間，果然又開始敲門。

和上次一樣，那位女性朝中川先生的房間不停呼喚「中川先生、中川先生」，抬手敲門。敲門聲逐漸變大，敲門的手勁也逐漸加強。

沒多久，她累了似地開始轉動脖子，不過這次沒有和我對上眼神。我鬆了口氣，但好景不常，她立刻又大喊起來。

「喂，中川！你差不多一點，給我開門——」

她一面喊，一面掄起拳頭，一次、又一次重捶門板。

「喂，你有聽到嗎？快點開門，中川——」

她喊得太大聲，聲音開始沙啞，後來還摻雜了哭聲。

「中——川——先——生——嗚哇啊——」

她嚎啕大哭，全身虛脫似地蹲到地上。

「你為什麼不開門？要怎麼樣你才願意開門？」

我不知怎地開始有點同情她。而一直盯著她看，我發現到一件事。

中川先生的名牌背後原本應該是一扇門，現在卻空無一物。她以為是中川先生房門而敲個不停的位置，現在只是一道牆壁。她不過是一直在敲牆壁而已。

放聲大哭一陣子後，在中川先生的名牌下方，那位女性背倚著牆，雙臂環抱膝蓋坐到地上。

「你為什麼不開門呢？」

她哭喊了好幾遍，頭不停朝各方向甩動。我覺得她實在太可憐了，內心的恐懼頓時煙消雲散，甚至都想向她搭話了。

「嗚嗚嗚，我這麼希望你開門……嗚嗚嗚。」她一面哭一面甩頭。突然，她停下甩頭的動作，維持雙手抱膝的姿勢，抬頭往斜上方看，像是發現什麼似地猛然站起身。

下一刻，她緩緩說出：

「……田代先生。」

她的目光牢牢盯著我房門上的名牌。

我方才對她的同情一瞬間消失無蹤，全數化為恐懼一股腦湧上來。

她慢慢地朝我房間前面走去，站定不動，彎下腰，雙手軟綿綿地垂下。

接著，突然像在做熱身運動似地，開始轉動脖子。

她持續轉動脖子到剛好面朝正上方的那瞬間，和我四目交接了。我害怕到極點，立刻想閉上眼睛，但一連試了好幾次眼睛卻都闔不上。

那段期間，她訝異地望著我。然後又好像捉迷藏裡的鬼抓到人一樣，露出開心又得意的笑容。

她再次轉回正面，呼喚「田代先生、田代先生」，開始敲我房間的門。

和中川先生那時候一樣，她的語調愈來愈激動，不久後就開始用拳頭捶了。

這時我又發現一件事，寫著我的姓氏「田代」的名牌後面並非牆壁，而是一扇普通的房門。

「田代先生，開門——」她一面這麼吼一面用力捶門。「咚」的一聲，門壞了。

「太棒了！門開了——」她歡天喜地地大喊。

然後，她緩慢走進我的房間裡。同時間，我的視線也跟著進入房內。

在那裡，我看見躺在床上的自己。她走進房間後，彷彿光線太過刺眼似地瞇起眼睛，纖細的手抓住從房內電燈垂下來的繩子一拉，燈就暗了。

房內頓時一片漆黑，也看不見她的身影，但還聽得到呼吸聲和她講話的聲音。

「田代先生，起來了。田代先生，你聽得見對吧？」她說這些話的聲音，簡直像貼在我耳邊低語似地清晰。而且除了呼吸聲，我也感受到吹拂耳際的氣息。

這時，我感覺自己正逐漸從夢中清醒，渾身是汗、既黏膩又悶熱的體感，以及心臟的跳動都愈來愈真實。

然後我醒了。我睜開眼的瞬間，就看見她直直盯著我的臉。

「哇啊——」我想要大叫，但喉嚨根本使不上力，發不出一絲聲音。這是我這輩子第一次體驗到何謂鬼壓床。

身體完全動彈不得，只有意識非常清楚，那位長髮女性明顯一直盯著我的臉瞧。

「妳是誰？妳有什麼目的？」我在心中質問她，結果她露出悲傷的神情說：

「我是幸子。」

下一個瞬間她猛地站起身，這麼大吼：

「是你們叫我來的吧！」她吼完，用全身力氣狠狠踩我的肚子。「咚」一聲猛烈衝擊下，我的身體又能自由活動了。

我也想過是夢，但這是現實。證據就是入睡時房內原本亮著的燈，現在是暗的。

我立刻打開電燈，環顧房間裡面。時鐘又指著凌晨四點。我看向玄關那扇門，門大開著。從那裡看出去，走廊彷彿是一個陰暗又冰冷的世界，簡直就像連接異空間的通道。

此刻，看不見的她是不是正待在這個房間的某處？她是不是正從某個地方望著我？說不定她現在就在旁邊盯著我。我腦中浮現了各種想像，再繼續待在房裡實在太恐怖了。

要踏上走廊也很恐怖，但總比繼續留在這裡好。我鼓起勇氣衝到走廊上，再一鼓作氣奔下樓梯。

下到一樓後，送報人員及一大早出門工作的路人身影映入眼底。

明明才四點多，有人卻已經在工作了，這件事帶給我一種奇妙的安全感。

我想先找地方喘口氣，梳理一下剛才那分不清是夢境還是現實的狀況，便朝漢堡店走去。

我一面啜飲咖啡，一面在腦中思考有關那位女性的各項資訊。

首先，那位女性的名字叫作「幸子」。接著是我最在意的一點，「是你們叫我來的吧」這句話，到底是什麼意思。我對於幸子這名字，還有她的長相，完全沒有印象。

為了查出她是誰，我進一步回想至今的所有夢境。一開始，她想進的並不是我的房間，而是前輩中川先生的房間。可是為什麼那時候她要進去中川先生的房間呢？為什麼門不見了呢？我左思右想，卻只是一直冒出更多問題，完全找不到答案。沒多久，就到了該去上班的時間。

我拖著疲憊的身軀到公司，勉強撐到下班時間。但要是這種情況持續個幾天，很顯然我在精神上和肉體上都會瀕臨崩潰。

因此，我萌生要找中川先生聊這件事的念頭，就算他可能會認為我發瘋了。

當我內心抱持這個念頭時，剛下班的中川先生主動找我說話了。

「田代，你最近身體狀況看起來不太好，沒事嗎？」

「中川先生，其實我有件事想問你一下⋯⋯」

我剛這樣一說，中川先生便爽快點頭，並邀我去他的房間。老實說，我內心十分抗拒要回公寓，但想去中川先生房內一窺究竟的衝動更為強烈，便同意和他一起回公寓，到中川先生的房間談話。

中川先生的房間除了比我的房間更凌亂一些，並沒有任何不同之處。

「所以，你想找我聊什麼？」他主動切入正題。我雖然認為他可能不會相信這種事，卻還是拼命將一連串夢境中的遭遇全盤托出。我講得太過專心因此沒有注意，一直等到我說完，看向中川先生，才發現他臉色極為慘白。

「中川先生，你有想到任何可能嗎？」

到底是什麼原因引發了這種事？線索再小都沒關係，有沒有什麼有用的資訊呢？我這麼問，不願放過任何一絲可能性。

「接下來換我說了。」中川先生先拋出這句開場白，才繼續切入正題。

其實，田代，在你搬進來的幾年前為止，這間公寓的房間都是客滿的，還會有同事排候補等人搬走。

但後來出於某種原因，除了我之外的同事，大家全搬走了。那個原因就是「碟仙」。

夏天的一個夜裡，由於隔天就是盂蘭盆節，公司也放假，公寓裡的幾個人便聚在一塊兒喝酒講鬼故事。講完一輪後，忘記一開始是誰提議的，大家決定要來玩碟仙。

我想你一定曉得，碟仙就是一種古代的降靈術。在大張圖畫紙寫上日文的五十音，並在上方大大畫上「鳥居」，下方則寫「是」與「否」。把五百日圓硬幣擺在正中央，三個人一起把食指按到硬幣上說：「碟仙，碟仙，請您出來。」然而什麼事都沒發生。這時有個人半開玩笑地說：「不管誰都行，隨便來個靈吧。」

結果，硬幣就在毫無預警的狀態下，流暢滑動到「是」這個字上頭。

在周圍湊熱鬧的那群人裡，有人懷疑地問：「誰故意動手的吧？」也有人得寸進尺地提議：「隨便問個問題吧。」但用手指按著硬幣、包含我在內的三人皆震驚地面面相覷，倒抽一口氣。不管圖畫紙擺得再平整，在上面移動硬幣時都會感受到摩擦帶來的些許阻力。可是方才硬幣在滑動時，不只是完全沒感受到摩擦力，甚至有種稍微飄浮在空中的感覺，連一絲阻力都沒有。

我不假思索地問：「是誰動的！」下一秒，硬幣便以飛快的速度動了起來。依照「さ（SA）」、「ち（CHI）」、「こ（KO）」這個順序。

這種流暢的滑動方式，連圍在一旁看熱鬧的其他人也察覺到這並非人為的結果。

「不應該再玩下去了。把手拿開硬幣。」

「不，我們得先讓對方回到那個世界，否則大事不妙。」

大家你一言我一語，場面喧嘩起來。不料下一個瞬間，把手指按在硬幣上的其中一人因為太過害怕，就把手指抽開了。

就從這一天起，「幸子」開始依序出現在各個房間。田代，就像你做的夢一樣，她會一邊叫名字一邊敲門，然後再進到房間裡頭。大家心裡害怕便紛紛搬走了。

後來，情況又變得更加嚴重。

我之所以這樣說，是因為後來新搬進公寓的人聽說幸子的事之後，也接二連三做起同樣的夢。換句話說，情況就好像病毒感染一樣逐漸擴大，連根本毫無關係的住戶都逃不過。

其中也有一些人不相信這種事，但他們夢見「幸子」的那一天，回房後卻在棉被下發現了大量的女性頭髮，他們沒辦法再鐵齒下去，一個個都搬走了。做過那個夢的人，都會在第一次做夢那天開始的一個月內搬出去。

不過，「幸子」從來沒來過我房間。原因在於我房間玄關的門上，其實貼著蓮久寺的符。

田代，在你的夢境裡，我房間之所以會沒有門，多半就是那張符的保佑。

兩人講完後，中川先生請我再給他一張過去那種符。他們拿到符，便回去了。

老實說，剛聽完兩人的故事時，我沒有立刻相信。因為故事的內容有些前後矛盾。

田代先生明明不曾從任何人口中聽說過那個夢，他卻還是做夢了。

雖然也有可能是他接收到幸子小姐無處可去的寂寞心念，兩人頻率共振了也說不定，但我仍是半信半疑。

然而當天晚上，我夢見了一位女性在敲本堂前面的那扇門。

「三木先生，三木先生。請你開門。」

不久後，她開始轉動脖子。和她四目交接的那瞬間，我就醒了。

我立刻趕過去本堂，打開門，發現門下方有一道淺淺的女性赤腳腳印，在我的注視下逐漸消失。

那兩人說的話原來是真的。我信了，於是我直接在本堂供養「幸子小姐」。

聽說後來還有其他不曉得內情的新進員工搬進公寓，但再也沒有任何人夢見過「幸子小姐」了。

被他們半是好玩招喚來的「幸子小姐」，祈願您能在彼岸世界順利過上幸福的日子。

降靈術

「碟仙」（こっくりさん）的起源據說是在明治中期，漂流至伊豆半島的美國船員示範名為「桌靈轉」（Table-turning）的降靈術給當地人看，引發了日後在日本的流行。由於桌子自行搖晃、移動起來時，好似一個人打瞌睡頻頻點頭的模樣（こっくり），便有人開始這樣稱呼，後來又按照發音配上了「狐狗狸」這組漢字。

有一陣子，碟仙在日本全國孩子之間風行。不確定是出於集體恐慌還是真的被靈體附身，由於不可思議的案例在各地相繼出現，父母開始禁止孩子們玩。

那麼，降靈術這種東西，一開始究竟是出於什麼樣的目的而產生的呢？關於這一點，目前還沒有找到可信的文獻。

或許是從太渴望和離世家人說話的遺族開始的。比方說，最愛的家人過世了，遺族肯定很想再和對方講講話。好想實現家人如此殷切的願望……最終，就想出了降靈術這種方法，不覺得這相當有可能嗎。

這樣一來，被人類帶著半是好玩的心情招喚而來的靈體，好不容易有機會和他人交談，傳達自己的感受，卻發現人類只是當作一場遊戲，一定會感到又懊惱又傷心不是嗎？所以請各位千萬不要因為想打發時間，出於一時好奇就去玩「碟仙」比較妥當。

話說回來，依賴「碟仙」這種降靈術和離世的人交流並非上策。在親友過世之前，或者自身面臨死亡之前，也就是在雙方都還活著的這一刻，才是能和重要的人聊天聊到盡興，絕無僅有的最佳良機。

第二章

供養

供養這個詞蘊含著尊敬的意思。由於想對佛陀及神明、祖先及過世的亡靈表達尊敬的心念，才發展出供養這種儀式。

當然我認為除了尊敬之外，也包含了戀慕的心情、悲傷，或是畏懼的心念等種種感受。

供養，就是讓我們生者和待在那個看不見的世界之亡者對話、交流的儀式。因此，如果沒有端正心思好好學習供養的方法，就有可能對那個世界的亡者造成困擾。

在經書中，關於供養亡者的方法，寫了「起塔供養」。意思是在供養亡者時，為了對方建造一座塔是重要的。但又不可能每次供養都蓋一座塔。後來便轉化為立起削木頭做成的「塔婆」。在古印度，塔這個字是「stūpa」，傳進日本後則音譯成「卒塔婆」流傳至今。

啊啊，好久沒供養他了啊……此刻，你心中浮現的是誰呢？

一列行走的亡靈

京都市上京區有一條街道叫作相合圖子街，別名下之森街。不管是哪個名稱，我都不曉得箇中涵義。

街道寬度僅容一台車通過，長度也不長。因此除了住在這條街附近的人，就算京都在地人也幾乎沒人曉得這條街道的名字。

接下來要說的，就是我小時候在這條街上發生的事。

自中立賣街起，沿著相合圖子街走五十公尺左右，會看到京都市立仁和小學的後門。旁邊有一塊占地寬廣的墓地，入口立著一塊寫有「島左近之墓」的小石碑。這塊石碑在熱愛戰國武將的族群中似乎相當出名。順帶一提，捐贈赤門給我擔任住持的蓮久寺的吉野太夫先生，他的墓也在這塊墓地裡。

這塊墓地朝向相合圖子街的那一側有一面牆。這面牆不太一般。我這麼說是因為牆面有多處損毀，都能從那些缺口看見墓碑了。

為什麼會變成現在這樣呢？一切必須要追溯到二戰後。

戰後物資匱乏，在缺乏修繕的情況下，墓地外牆有一部分崩落了。而崩落處在風吹雨打下，宛如連鎖反應似地開始逐漸擴大。要是放任不管，整面牆都會崩塌，僧人們便聚在一起討論該如何解決。

這塊墓地是由立本寺這座大寺及其塔頭[1]中的五個寺院在管理。因此，各寺院住持齊聚一堂商討出的結論是，把那些不知姓名、也不再有人參拜的墓，也就是所謂的「無緣墓」，將其墓碑用來當作修補牆壁的石材。

乍看會認為這個決定很過分，但那些住持的想法八成是，既然都成了無緣墓，比起直接被處理掉，還不如化為牆壁的一部分，留在每天能聽見誦經聲的場所，對他們更好。

在這般前因後果之下，住持親手用墓碑替牆壁做了應急措施。

後來年歲流轉，昭和時期也邁入五十年代的後半，當時有參與修復工程的寺院住持紛紛交棒給年輕的下一代，寺院面貌也煥然一新。

就在這時，牆壁又開始崩落了。這也是理所當然的。那面牆在數十年的漫長歲月，一直暴露在日曬雨淋當中守護著墓地。塔頭寺院的僧人們再次聚集，決定要進行牆壁的修復工程。

時序是夏季，又接近盂蘭盆節，大概是各寺院住持都十分忙碌，便將牆壁的工程全權委託業者處理。

那之後才過幾天，突然就開始動工了。說突然，只是當時身為小孩子的我主觀的感受。

隔天早上，身為住持的爸爸在過去本堂做早課之前，就先準備要出門了。

那一天的爸爸與平日不同，臉上是一種鑄下大錯、深感後悔的神情。於是，

---

1 塔頭，佛寺中祖師、高僧死後，弟子在其卒塔婆附近或寺院腹地內，建來守護卒塔婆的小院或小庵。後來，高僧禪讓方丈一職後，於寺內所住的小庵也稱作塔頭。

我問：「你要去哪裡？」他表情嚴肅地道出昨晚的經歷。

昨天晚上，爸爸去遠處參拜，回來時已經很晚了，獨自走在黑漆漆的相合圖子街上時，看到一大群穿著白色和服的人從南邊走過來。

「三更半夜的，一群穿著白衣的人排著一排走在路上，這是怎麼回事……？」

爸爸察覺事有蹊蹺，決定朝那群人跑過去。那瞬間，那一排人忽然加快速度，一溜煙從墓地的入口進去了。爸爸也立刻趕過去，環顧墓地裡面的情況，但那裡已經不見任何人影。

這意味著什麼呢？爸爸得出的結論如下。

沒有先在墓地誦經，也沒有打一聲招呼，就突然動工，這樣對死者很失禮。他們是為了抗議這件事才出現的。

人並非在過世後就一切結束了。因此活在這個世界上的我們，絕對不能輕視已離世的亡靈，而要時時帶著敬畏的心供養他們。我時常這麼想。

御唱名菩薩

我自平成十七年（二〇〇五年）開始擔任京都蓮久寺的住持。

在那之前，我先找師父潛心學習，又到大寺院工作，後來歷經各種曲折，終於走到今天這一步。

不過，來蓮久寺前的那三年，其實我的生活貧困到連瓦斯費和電費都繳不出來。極為拮据的生活侵蝕我的內心，我甚至萌生了「該不會這世上根本沒有神佛存在吧」的念頭。

每天發愁著不知道下一餐在哪裡的那陣子，我聽到了一個傳聞。有一尊菩薩像，可以幫人在一生中實現一個願望。那尊菩薩位在京都府北部的一間寺院裡。

我為了設法脫離貧窮生活，立刻決定去那間寺院一趟。

從京都市內出發，到那裡大概花了兩個半小時。那間寺院位在田園風光一望無盡的鄉下，是間平常沒有人的空寺院，住持在京都市內管理另一間寺廟。我事先徵得住持的許可，當晚可以留在寺裡過夜。

那間寺廟位在一座小山的山腰上，本堂後方有一大片相當陡峭的斜坡。寺裡雖然沒有人住，但由於平常村民會過來打掃，環境保持得很好。我踏進門，玄關直接連著土間[1]，土間正中央有三個用來燒柴煮飯的灶。廚房沒有水龍頭，但有引來山泉水的管線，流出涓涓細流般的清水。由於沒有接自來水，廁所也不是沖水式，需要自行舀水沖乾淨。這間寺院簡直就像會出現在日本古代民間故事的「山寺」。

在此過夜前，我先去向村民們打聲招呼。結果村裡的長老跟我這麼說：

「明天正好是御唱名尊者的結緣日，村民可能一大早就會去寺裡，請你安心睡覺。」

日蓮宗誦讀的《南無妙法蓮華經》稱為「御唱名」這件事我知道，但後面加上一個「尊者」倒是從未聽過。

「請問御唱名尊者是哪位呢？」

「沒有啦，是村裡的人擅自這樣叫而已。就是指能幫一個人在一生中實現一個願望的菩薩尊者。明天就是一年只有一次的結緣日。」

他笑容滿面地告訴我。聽完他的介紹，我興致盎然地開口請求：

「這樣呀。如果方便的話，也可以讓我參加嗎？」

他臉色有些不情願地回答：

「沒有需要請你幫忙的地方。請你安心睡覺就好。」

我拜託他告訴我更多關於那尊菩薩像的事，可是他表示不願意告訴村民以外的人，果斷拒絕了。

但我要是在這裡放棄，一切就前功盡棄了。於是我道出了目前家裡貧困的現

---

1 在日本的傳統民家，生活起居的空間被區分成高於地面並鋪設木板的區域，以及與地面同高的「土間」兩部分。土間通常使用三和土、硅藻土、混凝土等，會與屋外相連，是人進出之處。

狀，還有強烈渴望成為寺院住持的心願，他才稍微鬆口，回應要先和其他村民商量後才能決定。

我決定在村民得出結論前，趁等待的時間誦經、打掃本堂和寺院腹地。等這些事都告一段落時，已經傍晚了。

就在我踏到土間的泥土地上，準備來張羅晚餐時，村裡幾位長老正好打開玄關那扇門走進來。

「三木先生，我們來報告村民討論的結果。一邊吃飯一邊聊吧。」

這麼告訴我的五位村民代表，居然端來了盛著山菜和飯糰等食物的大盤子。五位都年事已高，但健朗的神態散發出村莊長老該有的威嚴。

在廚房旁邊的房間擺上長桌後，我們一面享用端來的食物，一面開始談話。我心中也曾疑惑，他們為什麼願意告訴我呢？原來，他們認為結緣日一年只有一次，而我碰巧在前一天到訪，必然是和御唱名尊者有緣，肯定如此沒錯。

「你有看到寺院腹地最靠外側，泥土地上的那間祠堂嗎？」

一位男性長老面帶溫和微笑問我。

「有，我有看到。在山上相當高的位置呢。」

本堂旁邊裸露的泥土地上，有一間小祠堂。是在和本堂屋頂差不多高度的位置，將斜坡整平後搭建的祠堂。

「御唱名尊者就在那間祠堂裡。」

御唱名尊者的歷史緣由現在已成了一個謎，大家什麼都不曉得，只知道祂從很久以前就在村裡，以及不知不覺中大家就開始這樣稱呼祂。如同我聽到的那個傳聞，這座御唱名尊者提供一生僅有一次的機會，可以幫人實現一個願望，村民代代傳承著這個說法，恭謹祀奉著。不過，直接許願說「我想要錢」這類行為是遭到禁止的。

參拜方法也很獨特。去參拜的當天，一早起來後要先用清水漱口，不能和任何人交談，必須直接去找御唱名尊者說出自己的願望，結束後唱誦三次御唱名「南無妙法蓮華經」。這就是整個流程。村民告訴我八成就是因為最後的唱誦，前人才會稱呼祂為「御唱名尊者」吧。

「這傳說好威。」

聽見我脫口而出的感想，村民們面露驚訝地先說了句：「用傳說這個詞，會給人一種不確定的印象呢。」才又語帶驕傲、異口同聲地說：

「我們的御唱名尊者，百分之百會幫忙實現一個願望喔。」

百分之百會實現願望這種事，真的有可能嗎——村民似乎是察覺到我心中的懷疑，接二連三地述說這村莊過去發生的種種奇蹟。

以前曾發生過這種事。某一天，村裡出現大量害蟲，田裡的農作物遭到破壞，村民正大傷腦筋時，有人向御唱名尊者許願，希望祂驅趕害蟲。不可思議的是，隔天起害蟲真的就消失得無影無蹤。

還發生過這種事。一項大型道路建設原本計畫會將村莊一分為二，為了阻止這件事，有人就向御唱名尊者許願，請祂中止這項計畫。結果計畫內容突然更動，現在那條路並沒有直接穿過村子，而是不自然地繞過村子，就是最好的證據。
不只這樣，奇蹟還多的是咧。祈求農作物豐收的那一年，日本全國都因為颱風而導致歉收，但村裡不僅完全沒有受災，還出現難得的大豐收。
眾人紛紛強調，這些還只是眾多例子的一部分，御唱名尊者保佑這個村子的事蹟實在是多得數不清。
只是，這時我萌生了一個疑問。
御唱名尊者在一個人的一生中，只會幫忙實現一次願望，為什麼會有那麼多願望實現了呢？
其實這就是他們之所以決定將此事告訴我這個外人的原因。
他們說，自古以來村裡的大家就有一種默契，還沒有許過願的人要依序為整個村子許願，不將願望用在個人的冀求上。可是，過去也曾發生村裡的孩子得到不治之症，當時有一位村民祈願讓那個孩子康復，結果那個孩子也真的恢復健康了。當然這純屬特例，願望不用在個人所求是基本原則。

每年村裡都會選出一個人，許願內容則由大家一同協商決議。可是從某時期開始，這份默契瓦解了。

村裡有許多年輕人都想到大城市發展，愈來愈多人表示不願意將一生只有一次機會的願望用在全村莊上。

後來，很多人搬到大城市，留在村裡的年輕人也逐年減少，因此村裡的長老會在現在這些成員過世後，也即將面臨解散。因此他們早就決定，今年是最後一次許願了。

在最後一次許願的前一天，我來到這間寺，又得知我想要成為寺院的住持，他們才願意將這件事告訴我。

「三木先生，明天早上你想去向御唱名尊者許願嗎？」

「可以嗎？」

「當然。只是，請告訴我們願望的內容。」

我坐正身子，把我的願望告訴眼前的各位長老。

「我在京都市內出生，卻沒有佛寺可以繼承，只好跑遍全國各地的寺院。不過我內心還是最希望能在自己的故鄉京都擔任佛寺的住持。我會許這個願望。」

各位村民緩緩舉起手，紛紛表示「沒有異議」。沒想到他們輕易就接受了我的願望。

接著，終於要來決定村子最後一次願望的內容了。我說自己並非村民，要不要先去外頭等，但他們卻開口挽留：「不，請你在這裡聽到最後。」

「那麼，最後一個願望是，祈求讓這個村莊出現溫泉。」

他們應該在事前已商量過，也決定好了吧？願望內容經過再次確認，獲得全體一致同意。

我因為他們的特殊考量而獲得了許願的機會。但老實講，事情發展至此，我心中有一點存疑。原因在於，要在寺院數量傲視日本全國的京都市內找到欠缺住持的寺院，是一件可能性極低的事情。再加上希望出現溫泉這種願望，實在令人感到太過異想天開了。

隔天早上，我用山泉水漱口後，便去向御唱名尊者許願，唱誦三次「南無妙法蓮華經」。隨後，昨晚過來談話的其中一人也來了，按照一樣的方式許下願望。

要離開這間寺時，我問村裡的人。

「御唱名尊者接下來會做什麼呢？」

「對耶，忘記告訴你最重要的事了。三木先生，幾年後等你成為寺院住持之後，請把御唱名尊者請出祠堂，在你的寺裡祀奉。我們也有先知會這間山寺的住持了，我代表這個村莊拜託你。」

他說完後，便深深一鞠躬。

沒多久，我就做了一個不可思議的夢。

一尊金色的釋迦牟尼佛像出現在夢中，向我這麼說：

「請堅持到三十三歲。」

我只聽到這一句話，就醒了。我感覺自己收到了具體的神諭，深受激勵。兩年後，在我滿三十二歲時，我收到了是否願意就任京都蓮久寺住持的邀請。隔年，正式開始擔任我連做夢都在想的住持。

這並非偶然。至於那個村子，後來湧出了溫泉，現在是溫泉旅館生意興隆的熱鬧村莊。這表示御唱名尊者真的實現了那個村莊和我的願望。

現在，清楚這段歷史的村民已全部過世了。知道的人只剩下我，以及遷至蓮久寺本堂祀奉的「御唱名尊者」而已。

送出的無名指

「啊，這根手指嗎？這根手指，我送給一個小朋友了。」

笑著這麼回應的，是在一間國中任教的音樂老師。我是透過另一位當國中老師的朋友認識她的。

她右手的無名指，第二個指節以上空無一物。

我那個朋友以「我之前就一直很好奇」開場，唐突地詢問對方少一截手指的理由。

「我很慶幸是右手無名指，這樣左手的無名指才能戴上男朋友送我的訂婚戒指嘛。」

她開朗回答，除了彈琴時稍微有點不方便，其他時候並沒有任何影響。

不過她的第一句話讓人很在意。

好奇心更勝於我的那位朋友，繼續追問。

「妳說送給一個小朋友是什麼意思？移植嗎？」

「說的也是呢，要說是移植或許也可以，但是……你們會相信嗎？」

她像有一瞬間的遲疑，打住了對話。不過，她看向我的臉，露出微笑，又繼續往下講。

「如果是大雲住持，一定會相信我的吧……」

據她所說，她在大學畢業後，就直接進入目前這所國中擔任國中教師。

每天面對正值多愁善感年紀的孩子們，教導他們音樂的樂趣，對她而言，這樣的生活十分充實，也非常有成就感。教師生涯邁入第二年的暑假，她經歷了一件不可思議的事。

國中雖然放暑假了，老師們可沒有放假。

社團活動的指導老師、暑假期間學生的生活諮商、其他雜務、家長會、教育研修和演講等，和學期中根本沒太大差別，每天都要去學校。唯一和平常不同的是，暑假期間幾乎每天都能在同一時間回家。

參加教育研修或演講時例外，不過當時我也沒當社團指導老師，所以放學後一小時，我就會離開學校踏上歸途。

我平常騎腳踏車上下班，從學校回家大概要花二十分鐘。

在平常相同時間從學校出發，以和平常相同的速度踩腳踏車踏板，騎平常那一條路線回家。只要所有條件都跟平常一樣，那我家附近的紅綠燈也會和平常一樣是紅燈。

就如同音樂有節奏，踩腳踏車也有固定的節奏，因此只要在固定的時間離開學校，理所當然地就一定會在這個紅綠燈必須停下來。

這個總是維持一致的固定日常節奏，在某一天受到了微小的雜訊干擾。我像平常一樣來到自家附近的紅綠燈，燈號和平常一樣亮著紅燈，我停下腳踏車，等待燈號變綠時，忽然聽見一道聲音。

「手指給我。」

「咦？」

我忍不住驚呼，左右張望。不過其他等紅綠燈的人全都毫無反應，是什麼都沒聽見嗎？

大概是我聽錯了。我才在心中這樣告訴自己時，那個聲音又來了。

「我想要手指啦。」

那聲音聽起來像是一個小男孩。很不可思議的是，聲音感覺不是透過耳朵傳進來的，而是直接在腦海中響起。

我再次環顧四周，但看起來還是只有我一個人聽見的樣子。

燈號終於變成綠色，我開始穿越馬路，後來並沒有再發生其他奇特的事情。

可是，以那一天為界，後來我每次在這個紅綠燈停下來時，都會聽到小男孩的聲音。

「我想要手指，給我。」

「拜託妳。我想要手指。」

對於每天都會聽見的這個聲音，我的推測是，那說不定是過去在這個紅綠燈路口遇上車禍不幸過世的孩子，來找自己丟失的手指吧……？要真是這樣，那是個很可愛的小男孩呢。因此我對那道聲音並不會感到害怕。

後來，從我開始聽見聲音過了一星期左右的那一天。

當天一早就下雨了。氣象預報中，播報員說等到從學校回家的時間，雨就會停了。

我也考慮過今天是否乾脆走路去學校，但當晚已經和男朋友約好在外用餐，連餐廳都訂好了，我實在想早點回到家，就決定一邊撐傘一邊牽腳踏車。

這一天，學校的體育類社團多半都因下雨休息，學生比平常少，在室內能聽見的只有綿延不絕的雨聲。

雨勢大到我不禁開始擔心氣象預報真的會準嗎。但接近放學時間時，難以置信地天空驟然放晴了。

太好了。我正慶幸應該趕得上和男朋友約好的時間時，校長又宣布：

「今天到校學生少，在放學時間前，學生也都會離開學校，因此我們比平常提早關門窗，準備回家吧。」

於是，我比平常早了二十分鐘左右離開學校。

今天好幸運啊。雨停了，學校也提早放人，而且待會就要和男朋友約會了！我滿心興奮地想，既然如此不如趕緊回家，比平常更精心打扮一番，再去和男朋友碰面。

而且我還想知道一件事。那就是騎到平常那個紅綠燈時，今天是否能不受紅燈阻攔直接過馬路。

如果按照平常的速度踩腳踏車，說不定就會遇上綠燈。我沒有任何證據。這時，我忽然想到一件事。

早上撐的那把傘，現在我是拿在手中，再用跟平常一樣的力氣踩腳踏車。不過單手拿著傘，似乎讓腳踏車的速度比平常慢了一些。

於是，雖然平常要是學生這麼做，我都會罵他們太危險、不可以，但我還是將原本拿在手中的傘，插進腳踏車前方的籃子，開始騎車。

我用平常的速度，在平常的街道上奔馳。雨過天晴的道路，清爽的風吹拂過全身，有一種通體舒暢的涼快。

我感受著舒服的涼風，騎到可以看見平常那個紅綠燈的地方。抬頭一看，燈號是綠色。太棒了。今天不用停下來就可以直接過馬路了。我內心才歡呼完，綠色燈號就開始閃爍。

我慌忙加快腳踏車的速度。以目前的距離來看，應該可以在換完燈號前過馬路才對。我這麼想的瞬間，

「鏘。」

沉沉一聲。我從高處俯瞰馬路……這樣呀，我飛到半空中了……我的記憶就中斷在這裡了。

我醒來時，人在救護車上。

「那個……我怎麼了嗎？」

坐在擔架旁的救護人員向我說：

「妳醒了嗎？太好了。」

按照救護人員的說法，我插在腳踏車前方籃子的那支傘卡住了前輪，導致我的身體像翻前滾翻那樣飛了出去。頭部也有稍微出血，想必是落地時狠狠撞上了地面。

意識漸漸清醒後，我忽然感到右手有點不對勁，緩緩抬起右手一看，包了厚厚一圈的繃帶。見到我恍惚地注視著右手，救護人員一臉難以啟齒地告訴我：

「現在警察和救護團隊正在尋找妳的手指。如果有找到，而且狀態良好，就可以進行縫合手術。」

這時我才終於發現自己失去了右手無名指。同時我心想，手指應該是找不到了。而結果也正如我所料。儘管警察和救護團隊仔細搜索，終究還是沒有發現那根手指。他們告訴我，很可能是從人孔掉進下水道裡了。

大概是這樣吧。我就這樣接受了，真不可思議。我很確定，我的手指八成是等在那個紅綠燈的小男孩拿走了。那樣的話，他一定很開心。我在心中描繪小男孩歡天喜地的模樣，結果連自己也跟著好開心。照理說失去一根手指，我應該會情緒崩潰、陷入悲傷才對……結果連我自己都感到不可思議。

我腦海中閃過這些想法，同時在醫院的病床躺下來，

「妳沒事吧？」

男朋友上氣不接下氣地衝進病房。護理師幫我通知他的。

「餐廳都訂好了，結果現在不能去了，抱歉。」

「那種事根本無所謂。手指的事我聽說了。我不知道該說什麼好……」

他垂頭喪氣地說，好像失去手指的人是他似的。於是，我把紅綠燈那個小男孩的事告訴他，也說自己其實並沒有感到沮喪。為了讓他放心點。

「這樣啊……不過真的太好了。我聽到妳出意外都嚇死了……我會擔心，所以以後要一直陪在妳身旁。」

他說，在這種狀況下是有點奇怪啦……他靦腆起來，突然，拉起我沒有受傷的左手，將戒指套進無名指。

「生日快樂。還有，請和我結婚。」

我忙到連自己的生日都忘記了。這樣呀，今天是我的生日呀。我不經心地這麼想著，大腦一時半刻無法理解「請和我結婚」這句話的意思。

「咦？」

「妳不願意嗎？」

我不假思索地用雙手摀住臉。

「我很高興。請多指教。」

「啊，右手。」

「痛、好痛——」

發生意外失去手指的這一天，變成了獲得美好禮物、最棒的一天。

她告訴了我們失去手指的緣由，敘說的過程中偶爾還會流露出笑容。我在聆聽時不禁心生敬佩，不愧是國中老師，真是位慈悲為懷的人。

聽完那段往事約莫一年後，她和那一天送上戒指的男朋友順利結婚、成了夫妻，兩人一同來到寺裡。

「大雲住持，好久不見。」

向我打招呼的她，看起來不太有精神。

「結婚後一切都好嗎？」

「其實，我現在肚子裡有小嬰兒了。」

「這樣呀。那真是恭喜了。」

即使我向她祝賀，她臉上依然不見喜色。

「怎麼了嗎？」

我主動詢問，先生正打算說明時，她卻靜靜伸手制止，臉上略帶歉意地開始敘述。

「其實，我肚子的小嬰兒沒有右手無名指。」

按照她的說法，醫生告訴他們，現在肚子裡的那個孩子少了右手的無名指。因此她想要把自己在紅綠燈給那個小男孩的手指找回來，送給這個孩子。

老實說，我不知道該如何回應才好，只好先提議替肚子裡的孩子誦經、祈求健康，用轉移注意力的方式來避免正面回答。

不過她似乎有稍微放下心中大石，兩人高興地回家了。

又過了幾個月，夫妻兩人抱著小嬰兒再度來到寺裡。

「大雲住持，真的很感謝你。我們生出了健康的男孩子。而且孩子的右手無名指……是完好無缺的！」

他們來報告孩子手指齊全。不過她也說，自己內心深受罪惡感折磨。等在紅綠燈的那個小男孩，是不是因此就失去了她送的那根手指呢？她擔心得不得了。

我也不曉得情況到底如何。我能做的只有前往那個紅綠燈，合掌致意。

當時才剛出生的小嬰兒也長大好多了，甚至可以用宏亮的聲音向我打招呼：

後來又過了三年左右，那對夫妻再次來到我的寺裡。

「你好！」

「看起來很健康呢。」我說。

「是啊，謝謝你。」

她內心的罪惡感應該也慢慢淡去了吧，看起來非常開朗又神采奕奕。

「其實我們今天來參拜，是有一件事想請教。」

「什麼事呢？」

「人類會投胎轉世嗎？」

佛教的確認為人會投胎轉世。不過我自己沒有轉世前的記憶，至今的人生中也不曾認為有必要思考前世的事。所以我只能回答他們，佛經裡確實有這麼寫。

「為什麼妳會這麼問呢？」

「其實我的孩子最近開始常常講話，當然他現在還只能說一些簡單的內容，但前幾天，他說了一件事讓我們嚇一跳。」

我興味盎然地點頭，請她繼續往下說。

「他全心全意地凝視著我，跟我說，媽媽，謝謝妳給我手指。我知道自己出生時可能會缺一根手指，所以我不是在紅線燈拜託媽媽給我嗎？」

她驚訝不已。因為這段話的內容對於才剛會使用語言的小孩子來說太困難了。

「大雲住持，你知道這是怎麼一回事嗎？」

她一這麼詢問，我就明白了。

佛教中有「四有」一說。這意味著四個有。

第一個稱為「生有」，指的是出生的瞬間。第二個「本有」，指的是我們生活的這個世界。第三個叫作「死有」，指死亡的瞬間。最後是「中有」，指死後的世界。

在其中「生有」稍前一些的階段，人類是稱為「求名靈」的靈體。

在「求名靈」這個階段，我們會挑選雙親。也就是尋求姓名的靈，所以才稱為「求名靈」。

說不定他們生下來的這個小男孩，在還是「求名靈」時，就跑來找即將成為自己母親的人撒嬌討手指了呢……

我這麼回答。結果，

「這樣我終於能夠放心了。原來在紅綠燈附近的小男孩，就是這個孩子呀。」

一直抱持罪惡感的她表示，這下往後就能安心了，也可以心無旁鶩地照顧這個孩子。一臉喜悅地回去了。

這個小男孩，將來長大後一定會很孝順吧。

小熊布偶小庫（一）

我以「怪談傳法」闖出名號，在日本全國各地透過講述靈異故事來傳法。拜這些機緣所賜，我造訪了許多從未踏上的土地。

第一次去的地方，只要有空檔，我就會去品嚐當地才吃得到的名產。

我接下來要分享的是去臨海地區傳法時，從當地居民口中聽見的故事。

在活動前一天抵達的我，決定去距離下榻飯店走路約五分鐘的居酒屋用餐。

店外掛的燈籠上面寫居酒屋，店內卻是只有吧檯座位的壽司店。當時六點多了，店內傳來酒醉客人的喧鬧聲。

「我只有一個人，沒關係吧？」

我詢問吧檯裡面的老闆，他中氣十足地回應：「歡迎光臨。沒見過你耶。從哪裡來的呢？總之請先找個座位。」有如連珠炮的一大串話語招呼我進店。

仔細一瞧才發現，我一坐下整間店就坐滿了。

老闆隔著吧檯問我：「無菜單料理可以嗎？」但我連菜單都還沒看上一眼，不知該如何回答時，

「我都是用在地的美味食材，飲料另外算，餐點兩千日圓，怎麼樣？」

他提出令人心動的方案。想必是出於體貼，希望讓外地客人吃到在地當季美食吧。我決定接受對方的好意。

不愧是鄰近海洋的店家，從未見過的珍味一一上桌。每次一道菜端出來，坐在隔壁的客人、甚至是坐在遠處的客人就會熱情向我說明。

「這是太平洋鼠鯊心臟的生魚片。請沾醋味噌吃看看。京都沒有這種東西吧。」

「是啊，我第一次吃。」我這麼回答後，大家全都一臉自豪，繼續告訴我當地有哪些知名觀光景點。

我逐漸融入那些熟客後，有人提出了這個問題。

「三木住持，你來這裡做什麼呀？」

「其實我平時常到各地分享結合了靈異故事和傳法的怪談傳法，這次是附近的寺院邀請我過來。」

「怪談傳法……就是鬼故事嗎？」

那瞬間，店內安靜得好似一根針掉在地上都能聽見。我早就習慣了這種反應。畢竟現代社會崇尚科學萬能，他們八成是認為把靈魂這種事當真簡直愚蠢透頂吧。

我擅自這樣斷定，卻不料大家接下來說出的話跟我的猜測完全相反。

「三木住持，你聽我講，我遇過非常不可思議的事。」

一位男性聲音宏亮地這麼說。那簡直就像某種暗號似地，其他人也接二連三地跟著敘述自身經歷過的靈異體驗，結果我聽見了許多奇妙且珍貴的經驗分享。

其中有一個故事，令我留下特別深刻的印象。那是一位年紀與我同樣落在四十五歲前後的男性所分享的內容。

那位男性在這個漁夫村落出生、長大，目前也從事漁業相關的工作。在這個村裡和青梅竹馬結婚，也有一個即將升國中的小孩。

他的外貌看起來就是一位身強力壯的漁夫，但其實這位男性在小時候，如果沒有小熊布偶陪著就睡不著。這隻小熊布偶從那位男性懂事起就有了，每每要入睡時，如果小熊不在旁邊他就一定會哭鬧。他父母好幾次都想丟掉那個布偶，但只要一藏起來，他就會嚎啕大哭，所以一直找不到機會丟掉布偶。

這隻小熊布偶的名字叫作「小庫」，身體裡填充的是珠子和切成小段的稻草梗，因此就算縫線裂開，填充物掉了出來，媽媽也會幫忙填補修理好。

上小學後，他依然十分依戀小庫。就連放學後要去朋友家玩，也一定會帶著小庫一起。不過朋友都能理解，並沒有人嘲笑他。

在這種狀態下，他展開了小學四年級的暑假。

暑假放了一陣子後，朋友們相約一起去海邊玩。

附近有一座海水浴場，連小朋友也只要走十分鐘左右就會到。這群小朋友從小就常游泳，因此當天沒有大人陪同前往。當然，這一次小熊布偶小庫也一起去了。

海水浴場上林立著許多遮陽傘，距離沙灘約一百公尺的外海海面上，漂浮著形狀類似四方形箱子的物體。

那是在木頭框中綁上汽車輪胎的人工小島。

朋友全體出發朝那座島遊過去。他則用右手抱著小熊布偶小庫，在大家後頭追趕。

他只用單手划水，抵達小島的時間自然比朋友晚上許多。

「還好嗎？小庫也還在吧？」一個朋友關心問道。抓住他的左手，將他拉上小島。

「我們等你和小庫時一直在休息，就先回去囉。你們晚點再慢慢游回來就可以了。」

這樣說完，朋友又全都跳進海中了。

一個人隨著漂浮小島搖晃時，一個念頭忽然閃過他的腦海。

「我已經四年級了，很快就會升上高年級。六年級時還有校外教學旅行。總有一天還是得和小庫說掰掰吧？」

這時，吸飽海水的小庫比平常更為沉重，又因為太陽的熱力曬得暖烘烘的，簡直像是真的具有生命似的。

他一認真思考這件事，就不由得感到難過。他決定盡量不去想，又用右手緊緊抱住小庫，朝沙灘的方向跳入海中。

他繼續右手抱著小庫，只用左手划水前進，此時，右腳踝忽然傳來奇怪的觸感。他稍微加重右腳踢腿的勁道，發現有東西纏住了。

他心想，大概是裙帶菜或海藻之類的東西纏住腳踝了。但如果是裙帶菜，怎麼會一直踢腿還踢不開，反倒愈纏愈緊，甚至還有種在拉自己的感覺。他心想奇怪，把臉潛進海面下一瞧，竟發現自己的腳踝被一隻成人的手緊緊抓住。

他驚慌地劇烈踢腿，同時正要向沙灘上的朋友呼救時，抓住腳踝的那隻手使勁將他往海裡拖。

他驚嚇不已，使出吃奶的力氣拼命用左手划水，卻完全浮不上海面，不斷被拖向海中。

「怎麼辦？這樣下去我會死。我再也見不到爸爸媽媽了。」

對死亡的恐懼占據了整個腦海，大概是生存本能促使他這麼做吧。他開始用雙手划水。為了回到海面上，心無旁鶩地用雙手划水，卻總是沒辦法浮上去。就在他覺得空氣用盡正要放棄的瞬間，緊抓右腳踝不放的那隻手彷彿痙攣似地不住抖動，抓住他的力道變小了。他再次看向右腳踝，發現那隻抓著自己的手臂上，正攀著一個小小的人影，拼命想從自己腳踝上拍掉那隻手。不，不對，那是小庫！

在意識逐漸朦朧之際，那位男性清楚看見了，在海水中奮戰的小庫。小庫正拼了命要救自己。一想到這件事，小男孩又忽然湧出了力氣，他把殘餘的體力盡數發揮出來，雙手使勁划水。然後，他身體突然變輕了，終於能從海面探出頭來。

「你沒事吧！」

找不到男孩蹤跡的朋友已擔心地向大人求助。大人救起他後，又將臉潛進海面下尋找小庫的去向，結果清楚看見小庫和先前緊抓住他腳踝的那隻手臂一起朝海底往下沉。

「那就是我最後一次看到小庫了……」

那位男性的表情看起來極為悲傷。就算長大成人之後，小庫也依然活在他的心中。自己獨一無二的重要朋友，在過了幾十年之後，依然真情流露地說著有關自己的事，小庫肯定在某處高興地守望著這一切吧。我忍不住在腦海中描繪一隻露出得意神情的小熊布偶，並漾開微笑。

小熊布偶小庫（二）

「住持，我最想要你聽的是接下來的事！」

我正想說這真是個感人的故事時，那位男性語氣十分激動地說：

「後來我結婚了，也生了小孩，過著幸福的生活。」

他一口喝乾日本酒，將空無一物的酒杯用力擺到吧檯上，神情認真地再次緩緩說起。

結婚生小孩後，我想到自己的小時候，就送了小孩一個布偶，沒想到他沒多大興趣。就算是父子，個性卻不一樣呢。

後來小朋友要滿四歲那一年，開始上附近的幼稚園。那間幼稚園離海邊不遠，每到夏天就會帶小朋友去沙灘玩耍。

那一天，天氣並不差，就是風大。幼稚園的老師們也討論過，風大時海邊的天氣變化大，到時候早點回幼稚園就好了。

小朋友在沙灘上玩耍時，如老師們所料，大風不停呼嘯，因此，

「大家手牽手走回去吧。」

老師下了這樣的指令。但我家小孩還沒玩夠，直直就朝浪花打上沙灘的地方跑過去。席捲而來的浪花一碰到我小孩的那瞬間，就淹沒了他的腳，再把他整個人拖進海水中。那是發生在一眨眼間的意外，老師趕緊跳進海中想去救他，但轉眼間就找不到他的身影了。我還記得當時老師心力交瘁地這樣告訴我。

我在漁業工會的辦公室接到電話，一得知小孩失蹤了，想都來不及想就立刻拜託熟人開船出去找。

很遺憾，警方和漁夫朋友們雖拼了命搜索，最終只落得白忙一場，我的孩子還是沒找到。我深知大海有多恐怖。在孩子被海浪吞噬過了一天，過了兩天後，

我已做好心理準備面對最糟糕的結果，我家孩子的死亡。

沒想到第三天一大早，警方通知我孩子找到了。我立刻趕到孩子被送去的那間醫院，他彷彿沒事人似地在床上精神奕奕地吃點心。我哭著抱緊孩子。

「你沒事吧？一定很害怕對不對？」

「才不，我不害怕喔。因為，有一隻小熊一直陪著我。」

在海裡有一隻小熊一直陪著……想當然耳，醫生只笑著認為他是想睡覺又肚子太餓才會做這種夢。

兩天後，小朋友平安出院，回到家裡。

「欸，你被海水沖走後，發生了什麼事？」

晚上我哄孩子睡覺躺在床上時，決定嘗試問清楚他失蹤後的經歷。四歲小孩的語言能力有限，常說不清楚時間順序和地點，但那依舊是一段不可思議的經驗。

孩子說他的腳一碰到海浪，立刻被拖進海水中，沉進海裡。就在他難受到沒辦法呼吸的時候，手突然被往上一拉。居然是一隻小熊布偶拉起他的手，把他帶到海面上。等他一浮上海面，小熊布偶右手牽住孩子的手，只用左手慢慢開始划水。

那個過程中，孩子不可思議地沒有感受到一絲恐懼或不安。不久後，遠處出現亮光。他心想那可能是海邊建築物的燈光。游到沙灘，將孩子送上岸後，小熊布偶又抱著孩子睡了一晚。

聽過這段經歷的警察，在發現孩子的地點附近進行了地毯式搜索，卻沒有找到類似布偶的物品。既然找不到物證，警方便下了結論，他應該是被海浪沖回來，在沙灘上昏迷了兩天左右。

不過我相信小熊布偶的存在。那肯定是當年拯救我免於溺水的小庫。不管是我還是我的孩子，都被小庫救回一條命。

不知何時起已眼眶含淚的男性講完後，問了我一個問題。

「我想要供養小庫，該怎麼做才好呢？」

根據佛經的記述，對亡者最好的供養是建塔。以建塔來供養的方式，即稱為塔婆供養，近代則簡化為使用長條狀木板的板塔婆。我建議那位男性去有舉行塔婆供養的寺院參拜，請寺方協助供養。

幾天後，那位男性打電話給我。

「三木住持嗎？救了我孩子的果然是小庫。」

「你怎麼知道的呢？」

我反問後，那位男性用哭音說明。

那位男性在和我談話後的隔天，立刻就去了附近的寺院舉行塔婆供養。

當天晚上，他做了一個夢。

在夢中，「沙咕、沙咕。」一道熟悉的聲音逐漸接近。他朝聲音傳來的方向看，一隻小熊布偶正從另一頭走過來。他定睛一瞧，那正是歪著頭的小庫。

男性不假思索地問：「難道，你是小庫？」小熊布偶聽了便開心地點頭，一次又一次，歪斜的頭晃得很大。

每次它點頭時，都有些東西從脖子嘩啦嘩啦地掉出來。走近一瞧才發現，它之所以歪著脖子，是因為脖子附近的縫線綻開了。再仔細查看，肩膀和腳的縫合處也破得厲害。這時男人才注意到那些嘩啦嘩啦掉出來的，是布偶體內的填充物珠子和切段稻草梗。

「我小時候在海裡溺水時，小庫，是你救我的對吧？」

男人這麼問，它再度緩緩點頭。點頭時，體內的填充物又嘩啦啦掉了出來。

「小庫，是不是不只我，連我的小孩也是你救的？」

小庫像是很高興孩子平安無事似地，再次大大點頭。填充物又掉了一大堆出來。「小庫，你不用再點頭了。小庫，謝謝你。不過沒問題的。我已經長大了，家人就由我來保護。從今以後，你只要考慮自己的幸福就好了……」

布偶的幸福是什麼呢？不就是被主人所愛，被珍惜，就算分開以後也一直惦記著自己嗎？如果是這樣，那小庫已經比其他布偶都還要幸福了不是嗎？因為這位男性和他的家人，在那之後從不間斷地持續小庫的塔婆供養。

供養

大家常說供養祖先很重要，不過供養到底是什麼呢？

有時候會聽見「你陷入不幸，都是因為沒在供養祖先」這種話。但我認為這種想法並不正確，祖先不可能會故意害子孫陷入不幸。

相反地，如果一個人跑到墓地去說：「都是你們害的，我們才這麼不幸。都供養你們這麼久了，請讓我們過上幸福的日子。」這樣又真的能稱之為供養嗎？

打個比方，這就好像在電車上有人讓座給自己，讓座的那個人卻說：「都讓座給你了，付錢。」是一樣的道理。

還有人會對著祖先的墳墓或佛壇許願：「請讓我中彩券。」這種態度實在也稱不上正確。

在佛教的見解中，「自己怎麼樣都無所謂，請祖先和已離世的各位過得幸福。」這種祈願才是真正的供養。而這一點對於仍在世的人也一樣。不替自己打算，為他人付出很重要。

在佛教中，以此等無私的心服務他人，這樣的人就稱為菩薩。不管對象是在世的生命或已離世的亡靈，我期許自己能擁有願意供養一切的寬廣心胸。我真心期盼自己能成為菩薩。

第三章

詛咒

詛咒，是從何處而生的呢？

答案很理所當然也說不定，是從人類的內心產生的。

那麼，是怎麼樣產生的呢？

發生了令人火大的事，人會感到憤怒。如果那股怒氣怎麼樣都無法忘懷，一直滯留在心裡，不久後就會轉為怨恨。萬一怨恨沒能化解，一直在心中發酵，不久後就會化為詛咒。

心懷詛咒的人，可能會選擇直接傷害對方，或者用草人插針這類間接的方式來報復。

不過用詛咒加害對方之後，那股力道最終一定會反彈回「始作俑者」自己身上。

反彈回來的詛咒要在傷害本人之後，才會消失。

但也有人不會把詛咒施加到對方身上或外界。這種情況下，他就會在心懷詛咒的狀態下過世，有時候，那個詛咒會在他死後去傷害對方。這種情況也一樣，詛咒一定會反彈回生成詛咒的當事者身上，所以他死後的靈魂很可能會遭遇苦難。

接下來要分享的是，遭到詛咒纏身的恐怖體驗。

緞帶

如果觀察在公園玩耍的小朋友，經常可以看到他們就算是第一次遇見或個性害羞，只要過了一個小時，就會自然地玩在一塊兒，回家時互道「明天見喔」，徹底變成朋友了。相反地，我認為在長大成人後，和初次碰面的人成為朋友的機會倒是相當少見。

接下來的這個故事裡，兩位主角雖然都是成年人，卻從第一次碰面就成了朋友。

這兩位是同事，都在距離我的寺廟不遠的一間拉麵店工作。

一位是年逾四十的男性，這間拉麵店的店長山村先生。另外一位則是男大學生佐佐木。

兩人第一次碰面，是佐佐木來面試打工的時候。當時佐佐木身上穿的T恤，是在靈異故事愛好者之間相當出名的T恤，因此店長便開口問：

「佐佐木，你喜歡靈異故事嗎？」

結果佐佐木驚訝反問，

「咦？店長，你知道這件T恤嗎？」

沒錯。兩人都是靈異故事的狂熱分子。

後來兩人根本忘了面試，大聊特聊靈異故事。至於打工的面試結果，當然是通過了。看來只要興趣一致，就連成年人也能立刻萌生友情呢。

那之後，兩人也不在意彼此年齡差距大，可說是每逢休假就一起出門。目的地當然都是靈異景點。

一天夜裡，兩人騎著摩托車前往據說有小女孩出沒的靈異景點。接下來的內容，是我事後從山村店長口中聽來的。

那天，我們兩人騎機車前往京都府內的A郡B町。

那是一間有庭院的廢棄大房子，外觀結構類似好萊塢電影中常出現的洋館風格。我們把機車停在庭院的入口，往裡面走。

時間是傍晚六點，但太陽仍掛在西方的天空上。我們打算等天色再稍微暗一些再進到建築物裡面，便決定在庭院打發時間。

我肚子餓了，就在玄關前方的庭院，和佐佐木一起開吃路上買的點心和麵包。佐佐木卻隨手把垃圾丟在庭院地上，我委婉提醒他，但他卻反駁：「又沒人會來，沒關係啦。」完全沒有要撿起垃圾的意思。我再次請他把垃圾撿起來，他才一臉不情願地撿垃圾。他只要一肚子餓就會煩躁，這時就是犯了老毛病。

看到他把撿起來的垃圾一直拿在手上，我便接過來，和我的垃圾一起放進機車前面的置物籃。

沒多久，夕陽西下，這一帶的天色都暗了。我們總算進入廢棄屋子中，踏進建築物裡面。就算我們熱愛靈異故事，昏暗的廢棄房屋依然令人感到詭異，而每踏出一步都會聽見的地板傾軋聲，更是激發了內心的恐懼。一樓有廚房，看起來像是餐廳的空間，甚至還有巨大的暖爐。

傳聞這間洋館有小女孩的幽靈出沒。如果真的出現了，肯定是外形像西方洋娃娃的小女孩。因為這棟建築物的西洋風格之濃烈，讓我們不禁萌生這種想像。

洋館有兩層樓。樓梯腐朽的情況十分嚴重，我認為上去二樓太危險了，但佐佐木說他體重輕，他一個人上去的話應該沒問題，便踩上通往二樓的樓梯。結果他才走沒幾階，啪唧一聲，樓梯的踏面就折斷了，他的腳凸出去到樓梯下方。佐佐木立刻緊抓扶手才不至於摔倒。我正想走近幫忙的那瞬間，他突然大叫：

「唔哇——」

一聽到聲音，我馬上將手電筒的光線對準他，想知道發生什麼事了，結果他一邊說「有東西，在我手腕……」一邊臉在抽搐。我立刻將光線移到他的手腕，幾條緞帶纏在上面。我打算先解開緞帶再說，但屋內一片漆黑，而且不曉得為什麼緞帶綁成平結，怎麼樣都解不開。佐佐木不斷用尖銳聲音大喊：「剪斷它！快點剪斷它！」不過我還是花了五分鐘左右解開緞帶。因為我有種直覺，剪斷這些緞帶的行為說不定會帶來更大的災難，實在是下不了手剪斷它們。

我認為再繼續待下去不太妙，便提議：「我們回去吧。」佐佐木也點頭。出去前我們再次用手電筒照亮樓梯。那座樓梯是西式風格，劃出一道平緩的弧線接到二樓。

照亮的那一瞬間，我們嚇得心臟都要停了，那個畫面看起來像是有許多條蛇從扶手垂下來。不過扶手有好幾處的白色油漆剝落了，那些應該是剝落的油漆吧？我們定睛一看，發現確實不是蛇，不是蛇沒錯，那是……緞帶？原來不是剝落後垂下來的油漆，而是從扶手筆直伸到樓梯踏板的木製短柱上，綁著大量的緞帶。

一看清楚那些是大量的緞帶後，我們立刻環顧四周，才注意到就連裝在窗戶上方的窗簾軌道、隨意倒在地上的椅子椅腳，也都綁著大量的緞帶。

大概是好奇心戰勝了恐懼。佐佐木拋下一句，「我去看看裡面的房間。」就朝裡頭的房間走去。我雖然心裡害怕，還是去了其他空間察看，發現不管是廚房桌上擺的燭台，還是桌腳，到處都綁著無數條緞帶。

「山村店長，我們快回去！」

佐佐木的聲音從玄關傳來。我立刻回到玄關，和等在那裡的佐佐木一同走出這棟房子。佐佐木說，他去看的房間也到處都綁著緞帶。

走到外頭後，我們稍微冷靜了一些，便想既然都來了不如稍微逛一下庭院，就沿著通往建築物後方的庭園小徑走。

過去想必是修剪得漂漂亮亮、美輪美奐的樹木，如今自由奔放地伸展枝葉，蔥蔥鬱鬱地宛如茂密叢林。其中有些樹帶刺，我們偶爾會被扎得刺痛。

然後，我發現了。綁在茂密樹木上的無數條緞帶。發現這件事後，心裡實在覺得詭異，我正打算立刻回到前院，但佐佐木居然還說想帶幾條緞帶回去作紀念。我立刻反對，並告訴他就算我們是靈異故事狂熱分子，這樣做也太超過了，但他不顧勸告一個人回到後院，轉眼間就又拿著幾條緞帶回來。

緞帶應該是綁成平結了，怎麼會這麼輕易就解開？對於我的疑問，他滿不在乎地回答：「沒啦，我用美工刀割下來的。」我內心漾開無法用言語形容的不安，只想盡快離開這裡，走回停放機車的地點。

結果我那台機車油門的地方被綁著一條緞帶。不光如此，前面的置物籃裡也有數不清的緞帶。我試著把置物籃裡的緞帶拎起來，發現是剛才裝麵包和點心垃圾的袋子綁著大量緞帶。

站在旁邊的佐佐木也大吃一驚，但這實在不像幽靈會做出來的事。我可是靈異現象狂熱分子，我認為這再怎麼看都不像是靈異現象。而且之前我和佐佐木一起去靈異景點時，他有時候就會故意用這種惡作劇嚇我，這次說不定也一樣。如果在我們各自去不同房間察看時，他一個人先溜回停車的地方綁上緞帶，以時間上來說是有可能的。我便向佐佐木說：

「這太不自然了。佐佐木，這是你幹的好事吧。」

但他神情認真地回道：

「才、才不是！真的不是我啦。這個真的不太妙。我們趕快回去。」

不管我問幾次，他別說是透露一點口風了，反倒堅決否認自己有故弄玄虛。我真的火大了，把前面置物籃的垃圾連同緞帶一股腦全塞進他機車前面的置物籃裡，再解開綁在油門上的緞帶。

「山村店長，你不要這樣。」他露出打從心底嫌棄的表情，把垃圾又放回我機車前面的置物籃。

他始終不肯承認惡作劇，又把垃圾放回我車上，讓我理智瞬間斷線，氣得把垃圾往他那裡一扔。垃圾最後是掉在地上，但我直接發動機車引擎，一個人先踏上歸途了。

到這裡，是山村先生這一方的說法。接下來則由佐佐木來敘述他和山村先生分開後的事。

山村店長認定就是我在搞鬼，氣到一個人先回去了。被人一口咬定自己惡作劇，我自然不高興，但其實我心裡也有些許罪惡感。

畢竟剛到這裡時，我肚子餓到煩躁，和他因為丟垃圾的事起了點小爭執。而且以前有幾次我確實曾在靈異景點向山村店長惡作劇。

只是就算這樣，朝我扔垃圾也太過分了吧。不過這時我真心感到這個詭異現象太恐怖了，我還寧願這一切是山村店長的惡作劇。

在山村店長離開後，我心情複雜地發動機車引擎，準備回家。

我一個人住在老舊的公寓。房間在二樓，回到家我爬上樓梯，正準備打開房門時，發現門把上繫著一條緞帶，

一瞬間我嚇到心臟都要跳出來了，但下一刻，我頓時明白，哈哈，這些果然是山村店長為了嚇我才設計的一場戲。靈異現象實在不可能以這種形式出現才對。

我踏進房間，打算要逼山村店長招認一切，拿起電話打到他的手機，卻一直沒人接聽。我連續打了好幾通，果然還是沒人接。反正明天會在店裡碰到，他肯

定是想要讓我一直害怕到明天，於是我直接睡了。

隔天一大早，我被手機鈴聲吵醒。打電話來的人是山村店長。他一大清早就打電話來，是對昨天的事感到抱歉嗎？我心裡覺得奇怪，接起電話。

「喂喂，佐佐木嗎？」

我正要說「你的整人計畫已經被我識破囉」之前，他就以不同於平常的嚴肅聲音繼續說：

「其實我昨天晚上出車禍了，現在正在住院。」

我有些不耐煩地想，你還要繼續騙嗎？

我也清楚從我的公寓到山村店長家不遠，昨天晚上他應該是早我一步來這棟公寓綁緞帶了。

山村店長又像在可憐我似地說「總之你先到○○醫院來」，我還在心中嘟噥「又來了，拜託你不要再騙了啦」，他就掛上電話了。我雖然認為這玩笑太過惡劣，還是決定先去一趟他口中那家醫院。

不料，纏著繃帶的山村店長真的住院了。幸好他傷勢不重，當天就可以出院了。我詢問詳情，他說離開那裡後，一騎到國道上輪胎就卡住了，連人帶車倒在地上。旁邊經過的汽車駕駛立刻叫救護車，直接把他送到醫院，才幸而沒有釀成大禍。這段話不是謊言。我也問過醫院的醫生，山村店長是真的發生了車禍。

那麼，到底是誰在佐佐木的公寓門把上綁了緞帶呢？

以防萬一，山村店長這一天請假回家休息，佐佐木則一如往常地去打工。不過，事情還沒完。

晚上八點下班後，回到公寓的佐佐木，在房間看見了一個東西——瞬間陷入驚慌的他，氣弱游絲地打電話給我。

「三木住持，不好意思這麼晚打給你。請你立刻到我家來！」

他從電話另一頭傳來的聲音正在發抖，就算我問發生了什麼事，他也是講得語無倫次。我判斷一定是出大事了，立刻趕去他的公寓。

我一到公寓，他就朝我跑過來大喊：「住持，我、我家裡面不得了了！」

我走到他在二樓的房間前面，緩緩打開門。一踏進裡面，令人寒毛直豎的奇異畫面映入眼底，整個房間瀰漫著一股詭譎的氣息。

房間裡床邊的欄杆、桌腳、椅腳、窗簾軌道等視線所及之處，全都綁上了五彩繽紛、多到數不清的緞帶。再仔細一瞧，就連咖啡杯的把手、吊燈的繩子、水龍頭也都沒能倖免於難，全部綁著緞帶。

按照佐佐木的話，他回家時房間就已經是這副模樣了。他懇切地表示希望我能取下這些緞帶。

在這個時間點，我還不了解詳細的事情經過，因此我勸他保持原樣直接報警，但他堅持拒絕。

我沒辦法，只好動手一一解開綁在房間各處的緞帶。

緞帶全都綁得極緊實，要解開沒那麼容易。更何況數量可不是普通得多。除了拿出剪刀和美工刀一條一條割斷以外，別無他法了。最花工夫的是水龍頭上滿滿的緞帶，我得來回用美工刀割好幾次才能切斷。

清掉全部的緞帶，花了將近一小時的時間。那一個小時裡，佐佐木就在房間外頭嚇得一直發抖。看他這副模樣，今晚應該是沒辦法在這個房間過夜了，我便請他來寺裡住一晚。

隔天早上，佐佐木向我鄭重道謝，便出門去工作了。如果這起不可思議的事件能一夜落幕就好了，可惜，這一天晚上，佐佐木又打電話來了。

「三木住持，真的很不好意思，今天又打電話給你。你可以再過來一次嗎？我房間裡面，好像，有什麼東西……」

他似乎是害怕被那個什麼東西聽見，壓低顫抖的聲音告訴我。從佐佐木殷切懇求的話語中，我察覺到一絲不對勁。他不是說「誰」，而是說「什麼東西」。我猜測，他應該是指人類以外的存在。

我再次趕到公寓。縮著身子蹲在公寓樓梯下方的佐佐木，像是好不容易才等到我來似地朝我揮手。

我立刻前往他的房間，並請佐佐木繼續待在樓梯下方，吩咐他如果對方是人類就立刻報警。

我在二樓走廊上緩緩前進，走到他的房門前，確定了真的有「什麼東西」在房間裡活動。因為透過門旁邊的窗戶，我看見一個巨大的黑影在動。而且我豎耳傾聽，還聽見房內傳來微弱的呼吸聲。

我朝房間門把慢慢伸出手，做了幾次深呼吸，便一口氣打開房門。

在黑漆漆的房間裡，一個明顯是人類背影的黑影正蹲在地上，埋頭忙碌著。

我馬上大聲叫等在下面的佐佐木報警，便穿著鞋子踩進房間，打開房內的電燈。佐佐木在報警後也來到房間。即使電燈全亮，那名犯人依然蹲著忙自己的事。

這一刻，細看犯人的我們不禁感到駭然。蹲在那裡的人，是山村店長。

而且山村店長好像被什麼附身了一樣，正全心全意地替電視櫃腳綁上緞帶。

不管我們叫他多少次，他看也不看我們一眼，即便做到汗流浹背，也不停下綁緞帶的動作。

迅速趕到的警察強硬制止他，但他別說是停手，還大呼小叫地抵抗。最後出動了三位警察才把他架上警車，我們也和山村店長一起被帶到警察局。

佐佐木向警方說明兩人是朋友，以及在靈異景點的遭遇後，誠懇拜託我為山村店長誦一次經。

獲得警方的同意後，我便立即替在偵查室大鬧的山村店長誦經。才開始誦經沒多久，山村店長就倒在地上，直接睡著了。大約一分鐘後，他再次起身，一臉詫異地問我為什麼自己在警察局？自己做了什麼？看來他沒有今天晚上的記憶。

雖說他是非法入侵他人民宅，但我們再三解釋兩人是朋友，當然也不會提交受害申報，警方才終於鬆口放山村店長回家。

神智回復後，山村店長發現從靈異景點回家的路上發生意外後，他的機車剛好就是保管在這間警察局，就決定要順便領機車回家了。他按著指示到機車保管處的位置，正要牽車回家時，卻發現機車的輪胎轉起來很卡。他心中萌生不好的預感，低頭查看輪胎，那裡……綁著大量的緞帶。

這些緞帶究竟是什麼呢？或許是住在那間屋子裡的小女孩，對於擅闖自家還亂丟垃圾，又割斷緞帶想帶回家的傲慢人類，送上的「回禮」也說不定。

不用說，隔天我們三人當然是再次造訪了那個靈異景點，先打掃完庭院，再誠心誦經。

順帶一提，兩人告訴我，他們向拉麵店的客人講這個故事時，大家一開始都認為是亂掰的，根本不當一回事。但許多人最後都相信了。

為什麼會相信呢？那是因為客人聽完故事回家後，發現家裡緊緊綁著從未見過的全新緞帶。

出租女友

大家知道「出租女友」這種工作嗎?就算是沒聽過的人,應該也能大致想像。

出租女友這種服務,就是租借一個女友。也就是說,花錢請人在一定期間內扮演自己的女朋友。

我會知道有出租女友這種工作,是因為我認識的一位女大學生吉田告訴我,她從事這項打工。

按照她的說法,主要的工作內容就是陪顧客聊天、吃飯,簡單來說,就是聆聽對方難以向他人啟齒的煩惱及抱怨。

這次是大學生吉田所經歷的故事。

我開始這份工作後，第一個上門的顧客是一位年紀約三十五歲的男性，身材微胖，揹著背包，留著長頭髮。

這位男性不擅長跟女性交談，申請這項服務是希望透過出租女友來練習並培養和女性談話的能力。

一開始這位男性似乎緊張到連我的臉都無法直視，一直低著頭不發一語，我就教導他該如何開啟話題。

「首先，男生可以主動詢問女生，妳的興趣是什麼？」

「啊，啊，這樣呀。那，妳的興趣是什麼？」

那位男性的聲音既微弱又在發抖。

「我的興趣是收集各種小熊商品。」

「啊，這樣呀……」

那位男性又低下頭了，我馬上又曉以大義。

「這種時候，你必須要延伸話題，進一步問對方是怎麼樣的商品呢？」

「原來如此。是怎麼樣的商品呢？」

「我想想，小熊商品就像是這個鑰匙圈之類的……」

後來的情況也差不多，由我提供建議，然後男性依樣畫葫蘆複述一遍，不斷重複這個循環後，一個小時飛也似地快過去了。

最後我說了句：「比起長頭髮，你應該更適合短頭髮。」我們就道別了。

回到獨居的公寓，我忍不住反省……叫一位男性改變說話方式，甚至換個髮型，我可能踩紅線了……對方說不定以後都不會再找我了。

沒想到與我的預期相反，過了一星期左右，公司聯繫我表示那位男性又指名我了。

又可以工作了，我開心地前往和那位男性約好的咖啡廳。結果意外發現，他原本的那頭長髮已經爽快剪短了。

「你剪頭髮了。很適合你喔。」

聽見我的稱讚，男性開心地微笑，

「我是第一次被女生稱讚。對自己多了一點點自信。其他還有什麼地方應該調整嗎？」

那位男性向我道謝，令我心情大好，便毫不顧忌地道出自己的想法。

「我想想喔……有滿多女生都會在意對方的體型，你如果再瘦一點會更帥喔。」

我心裡暗叫不好，自己對才第二次碰面的外人講了相當沒禮貌的話。沒想到那位男性非但沒有表現出任何不悅，反倒點頭回說：「我知道了。」

這一天，快到一小時的時限時，那位男性像是下定某種決心似地，

「那個，我今天有帶禮物來。妳願意收下嗎？」

「咦？真的嗎！」

我完全沒有想到竟然有禮物。那位男性從包包裡掏出一個綁上緞帶花的大紙袋交給我。

紙袋裡，是一頂上面有小熊布偶的帽子。老實說，這頂帽子如果在遊樂園戴

是不奇怪，但實在沒辦法平常戴著上街啊。不過一想到這位男性為了我到處尋找小熊商品，心裡挺高興的。

「謝謝你，我會珍惜的。」

「這是我第一次送女生禮物，對方有感到開心。」那位男性很高興，而我也因為自己能幫助到他人心情愉快。我開始覺得這份工作很有趣了。

接著，再過了一個星期左右，那位男性又指名了我。

我和平常一樣前往約定好的那間咖啡廳，那位男性拖著右腳走過來。我問他腳受傷了嗎？他苦笑著回，他因為想要減肥就開始跑馬拉松，結果身體一時吃不消就扭到腳了……上次我建議他要再瘦一點，他不僅老實接受建議，還付諸行動了。

真是個老實又努力的好孩子！我對他更有好感了。

和那位男性談話快滿一小時的時候，他又說「今天我也有準備禮物」，從包包掏出一個袋子。

袋子裡面，是一個上面有小熊布偶的室內拖鞋。

「再次謝謝你。這個禮物我也會珍惜的。」

那位男性面露喜色回去了。

回到家一陣子之後，我總覺得身體有種倦怠感，就直接上床睡覺了。等我醒來已經是隔天早上，想吃點東西，卻好像發燒似地一點食慾都沒有。我想說該不會是感冒了，決定去附近的醫院拿藥，休息一下。沒想到隔天、後天，甚至過了一個星期之後，身體的情況都沒有絲毫好轉，類似感冒的症狀一直延續。那段期間，那位男性有指名我，但健康狀況實在不適合赴約，我便拒絕了。

到了月底，我才發現快到繳房租的日子了。原本就是因為光靠爸媽給的零用錢不夠支付房租，我才會開始出租女友的打工。實在不能再休息了，可是身體狀況依舊不見起色，我內心愈來愈擔憂。

這時，那位男性又指名我了。我絕不能放過這次機會，只好強打起精神去和那位男性碰面。

我和平常一樣在那間咖啡廳等候，那位男性抵達後，開口第一句話就先關心我。

「妳的身體不舒服對吧？還好嗎？」

那位男性自己也戴著口罩。一問之下，才知道他也感冒了。

「我也有一點感冒。」

「詳細告訴我有哪些症狀，又是何時開始出現的。我來找一家好醫院。」

他這麼說完，便鉅細靡遺地詢問我的症狀，甚至還寫了筆記。

這一天，也是在快結束時，那位男性一如往常地表示有準備禮物，從包包掏出一個大袋子。那個袋子裡面是一隻小熊布偶。

「妳發燒人不舒服，卻還來跟我碰面，謝謝妳。請妳抱著這隻布偶，戰勝感冒病毒。」

還向我說出體貼的話。我真的十分感動。

（這個人實在好體貼呀。明明自己也感冒了，卻只顧著擔心我。）

回家後，或許是因為勉強赴約的緣故，我不只是發燒，還開始想嘔吐。到了晚上，拉肚子的情況也變嚴重了，人不舒服到根本沒辦法好好睡覺。

我抱著那位男性送的小熊布偶，獨自和身體的不舒服奮戰。

隔天，大學的朋友來找我。自從我身體變差，就一直沒去學校，她擔心地過來看我的情況。

朋友被我憔悴的模樣嚇一大跳，在思考片刻後，說出了這句話。

「妳抱的那隻小熊布偶，給我一種討厭的感覺。」

「咦？妳說這什麼話？這隻布偶是打工的顧客送我的，妳這樣講太過分了。」

我有一點生氣地反駁，但她完全沒有聽進去，逕自問我還有沒有收其他禮物，我就拿出那位男性送的小熊布偶帽子和室內拖鞋給她看。

朋友才瞥了一眼，就拿出一種不容我拒絕的魄力提出忠告。

「我們現在立刻帶著這三樣東西，去三木住持的寺院。」

於是，我才有機會聽見這段故事。

吉田小姐的朋友有一點靈感應力，她表示這三樣東西令她有種討厭的感覺，希望麻煩我淨化一下。

我和她一樣，也有種討厭的感覺。聽了她的話後，我想到了一件事，便開口徵詢同意。

「真不好意思，我可以剪開這三個布偶的縫線，看一下裡面的棉花嗎？」

吉田小姐雖然不太樂意，但還是同意了。

首先，我剪開布偶帽子的縫線。撥開裡面的棉花一看，發現了大量的頭髮。

吉田小姐收到這頂帽子時，那位男性的頭髮之所以剪短了，就是為了在這裡面塞進自己的頭髮。

再來是布偶拖鞋，那位男性拖著腳走來那一天送的禮物。我請吉田小姐也讓我看一下這個布偶裡面的填充物，發現了五片應該是腳趾甲的東西。

最後，我請她讓我確認最後一個禮物小熊布偶的填充物，結果裡面放了三顆門牙。那位男性戴著口罩，或許不是因為感冒，而是缺了門牙的緣故吧。

我在這裡不能詳細透露，但除了頭髮、腳趾甲和牙齒之外，裡面還放了某種東西。這是某個國家施行詛咒的一種方法，說不定這位男性是在利用出租女友，進行向他人施咒的實驗。

我立刻對這三項禮物執行焚燒供養。結果很不可思議，吉田小姐的身體情況也隨之好轉了。

佛經中有「還著於本人」這句話。意思是我們對他人做出的行為，說出的話語，必定會回到自己身上。如果待人體貼，不久後也會以好的方式回歸自己身上。然而要是做了壞事，就會以不好的形式返回當事者自身，使他遭受苦痛。

這個故事裡的那位男性，此刻可能正因自己施加於他人的詛咒回彈而受苦也說不定。

頭痛

幾乎每次下雨前，我都會頭痛。據說這是出於氣壓變化的緣故，有人稱之為「氣象病」。

雖然已經知道有一些頭痛是由肩頸僵硬、眼睛疲勞所引起的，但尚未獲得醫學解釋的頭痛仍舊相當多。

本次的故事，就和這種原因不明的頭痛有關。

「自從我搬家後就一天到晚偏頭痛。我也有去醫院檢查，但醫生說找不出特定原因，可能是搬家壓力引起的。不過有一天因為某項契機，我的頭痛就好了。」

說這段話的人，是年紀介於三十到三十五歲的一位男性。他身材結實，像是平常有在固定運動，實在看不出來有病在身。

「你的意思就是說，並非是搬家壓力引起的嗎？」

我反問後，他肯定點頭，開始敘述下面這個故事。

我一直到最近都是租獨棟房子住。明明單身卻要租獨棟房子的理由，是因為我有養狗，需要一個院子，就算只是個小院子也沒關係。

但那隻狗年紀大過世了。我就沒必要再租這麼大間的房子，便決定搬到小公寓。

那間公寓位在一樓，不僅日照充足，左右兩側的房間還都空著，非常安靜，房租又便宜，是個挑不出任何缺點的住處。

老實說，我搬到這個房間後，反而是感覺從壓力中解脫了。

但搬家後不久，我就開始會劇烈頭痛，為此真是傷透了腦筋。這個頭痛在我早上起床時會痛得不得了，但只要我一走出家門，很不可思議地立刻就不痛了。

我本來想，如果只有早上起床會痛，那忍耐一下就好了，一直放著沒管。但這樣痛了兩個星期以後，果然連白天的身體狀況都開始受到影響，而且我只要一想到早上的疼痛就會想吐。

在公司和同事聊起這件事時，有位自稱靈感應力很強的女同事說：「你家該不會有什麼惡靈吧？」當然我並沒有完全相信她的話，但內心還是有點在意，於是決定請那位女同事來我房間看一下。

下班後，我帶她前往我家，才走到公寓的附近，她就突然轉身表示：「我要回去了。」

我拜託她，妳都走到這裡了，就看一下再回去。但她卻說：「我覺得很危險。」堅持不答應，逕自回家去了。

沒辦法。該慶幸我沒有靈感應力嗎？我一個人回到甚至被說「覺得很危險」的房間裡，一如往常地就寢。隔天早上起床後，一如往常地頭痛欲裂，換好衣服就立刻出門，而頭痛果然也立刻消失了。

那一天，我在公司問該名女同事回家的理由，她只說：「我就是覺得不能去你家。」

聽見我們的對話，後輩吉村反問：「亡靈應該沒有那種力量才對吧？」

這時，女同事可能認為他不相信自己說的話，有些氣惱地回嘴：「你不相信，就去他房間住一晚看看啊。」對吉村採用了激將法。

「好啊，前輩，只要你願意，我今天就去住一晚！」

吉村自信滿滿地宣告。我在一旁默默聽著，兩人的對話走向了奇怪的結局。不過我最近要獨自回房間也是挺害怕的，就順水推舟地讓吉村來借住。

下班後，我們兩個在外頭吃完晚餐，回到我的公寓。

「前輩，你有感覺到什麼嗎？老實說，我什麼感覺都沒有。」

「哎呀，我也是一點靈感應力都沒有，什麼也感覺不到。不過我最近只要想到那個沒來由的頭痛，就會莫名感到很害怕，現在晚上睡覺都會開著燈。」

「前輩，你身材這麼壯，沒想到膽子挺小的。」

儘管被嘲笑了，我卻反倒因為吉村的滿不在乎而覺得心安。

吉村希望就寢時可以關燈，我只好轉而提議至少開著小夜燈，我們就在小夜燈昏黃的燈光中入睡。

或許是出於身旁有其他人在的安全感，我立刻就睡著了，一路沉沉睡到早上。

早上起床後，我一如往常地頭痛欲裂。抬頭看房間裡，已不見吉村的身影。說不定是吉村起床後也開始頭痛了。我梳洗更衣準備好，便立刻出門去上班。一如往常地，頭痛完全消失了。

我到公司後，發現吉村已經來了。

「我早上起床後發現你不見了，很擔心耶。」

「前輩，昨天晚上，我，看到了……」

他說我雖然一轉眼就睡著了，但過一陣子就神情痛苦地發出呻吟。吉村擔心我的狀況，便打算叫醒我，往我的方向一看，發現若隱若現的一雙腳繞著我的床墊旁走來走去。他嚇一跳，眼睛驀地瞪大，才注意到那雙腳的上面空無一物。不久後，那雙腳在我的頭部旁邊停下來，開始咚咚咚地踩我的頭。

吉村震驚不已，忍不住「哇啊啊！」地大叫，結果那雙腳就向他跑過去了！吉村立刻跳起身，飛也似地逃出我家。

真不可思議，自那一天起，我就不曾再頭痛過了。我自己是沒有親眼見過那雙腳，說不定它不高興被吉村看見了真面目，跑到其他地方去了。事到如今，也只能認為導致我頭痛的原因，是有惡靈一直踩我的頭。

這位先生雖然不再頭痛了，不過為了以防萬一，他到寺裡來想請我幫他舉行祈禱。

我聽完來龍去脈後，雖然不曉得那個靈體到底是什麼，但因為以前也曾聽說過類似的案例，我相信他說的話。

只是有件事我有點在意，在祈禱結束後，我開口問：

「你的後輩，吉村先生還好嗎？」

男性的表情蒙上一層淡淡的陰影，告訴我：

「吉村自從在我房間過夜的隔天開始，頭就一直痛得不得了，常常必須向公司請假，後來因為腦溢血住院了。」

這單純是偶然嗎？還是那個靈體跑到吉村先生那裡去了……？真是一個不可思議的故事。

鏡

「我的太太被詛咒了，人變得很奇怪，請你幫幫我。」

一對夫妻來我的寺裡求助。先生表示太太遭人下咒，身體健康每況愈下。他們也去了醫院，但醫生說找不出原因。

至於從何判斷成因是詛咒，他則沒有著墨太多。說不定是有和誰鬧得不愉快，我沒有深入追問。

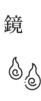

儘管我不曉得身體變差的原因是否出在詛咒，總之我決定先為她祈禱。

祈禱結束後，我詢問太太的感受，她說有稍微輕鬆一點。聽見太太的回答，先生就說隔天也要請我祈禱。最終這對夫妻一連七天都來到寺裡。在第七天的祈禱結束後，太太的臉色、健康都恢復許多，與第一天相比彷彿換了個人似的。簡直就像原本附在她身上的什麼東西脫落似地，精神飽滿地回家去了。

不過，總覺得每次祈禱後先生的臉色愈來愈差。於是我向先生提了這件事，他笑著回，只是照護工作太累了。

後來，還過不到一個星期，這次先生獨自一人來到寺裡。

與上次碰面相比，他的臉色和身體狀況看起來都非常差。而他這次來到寺裡的目的，是請我替他祈禱，因為這次換先生中了詛咒。

我再次詢問，為什麼他會說是詛咒害的呢？但他果然不願正面回答。

總之，這一天我先替先生誦經。和太太那時一樣，祈禱一連持續了七天。不過這一次，他看起來完全沒有好轉的跡象。

接下來，他每天都來寺裡。但有一天，先生的模樣明顯不同，幾乎可說是變了一個人。我會這麼形容，是因為先生突然換髮型了，右半邊剃成光頭，左半邊卻維持原本的髮型。我暗忖，這說不定是最新流行的造型，但仔細一看，發現他連左邊的眉毛都剃掉了。他的改變實在太過嚇人，我內心驚疑不定，但我並沒有觸及此事，只是一如往常地為他祈禱。

在祈禱結束後，先生進一步提出請求：「希望你能來我家祈禱。」我詢問理由，他表示家裡有什麼東西在。

隔天，我便造訪他們家了。那是一棟有兩層樓的獨棟房屋，從外頭看，並沒有任何不對勁之處。

踏進玄關後，左手邊擺著一個鞋櫃。我不經意一瞥，發現鞋櫃上面的鏡子有裂痕。

「你好。」我抬高聲量打招呼，先生從昏暗的走廊走出來，看起來疲憊不堪。這樣描述或許有點失禮，但他的模樣就像恐怖電影中會出現的角色一樣。他緩慢而小聲地這麼說：

「住持，不好意思麻煩你特地跑一趟。請進，請你在我家裡隨意看。」

我決定從二樓開始看起。一上樓就是房間，裡面擺著一張床，應該是寢室。那間寢室大概是太太在使用，有一個梳妝台和一面大鏡子。不過那面鏡子也和玄關鞋櫃上的鏡子一樣有裂痕。

我下去一樓，這次要去看廚房。那裡的鏡子果然也有裂痕。

看到這時，我才注意到太太並不在家。

「對了，你太太不在家，她今天出門了嗎？」

不料先生卻回答：「在寺裡結束祈禱後，她馬上就搬離這個家了。」

我不禁在腦海中想像夫妻倆吵得不可開交，把家中鏡子都打破了的畫面，但其他家具看起來倒是都完好無缺。

我正想繼續追問他和太太怎麼了時，先生忽然語氣激動地大喊：

「快點把那傢伙趕出去！」

「那傢伙是在指誰？」

我這樣詢問後，先生帶我來到浴室。

那傢伙就在浴室的鏡子裡。我詳細詢問後才知道，先生在洗澡時發現有個傢伙在盯著自己看。那個傢伙，就躲在鏡子裡面。他不經意瞥向鏡子的時候，鏡子裡面的自己慢了一拍，才看向先生的方向。

「鏡子裡的那傢伙在模仿我。所以我就故意換成奇怪的髮型，讓他沒辦法模仿。沒想到鏡子裡的那傢伙還是弄得跟我一模一樣。我就再剃掉一邊的眉毛，他果然也依樣畫葫蘆。我想要揪出那傢伙的廬山真面目，就在一邊泡澡一邊洗頭到一半時，無預警地看向鏡子，那傢伙果然還看著其他方向。」

鏡子裡的那傢伙被攻其不備後，緩緩轉回正面說：「你發現啦？」舉起拳頭使勁朝我揮來。不過他的拳頭沒有衝出鏡子外面，而是「框啷」一聲，讓家中的鏡子都產生了裂痕。

先生在敘述這段話時，神情像是憤慨不已的鬼。比起鏡子裡頭的那傢伙，眼前的先生更讓我心生害怕。接下來，我直接待在浴室專心祈禱。

祈禱結束後，我回過頭，先生的臉色稍微恢復了生氣，表情也變回初次見面時的溫柔神色。

「住持，真的很感謝你。我感覺好多了。」

他朝我深深一鞠躬，又接下去這麼說：

「三木住持，詛咒真的跟你常說的一樣，會彈回自己身上來呢。」

「這是什麼意思呢？」

「哎呀，其實，我下詛咒讓太太精神失常。祈禱結束後，我告訴她這件事，她就走了。」先生臉上浮現邪惡的淺笑，繼續說：

「三木住持，你有時候會舉辦靈異故事的活動對吧？然後就會在活動中提到我的事，不是嗎？」

「你的事？」

我不記得自己有做過這種事。先生看見我一臉疑惑，張開缺少門牙的嘴巴，冰冷地咧嘴一笑。

「對啊。收錢假裝別人的女朋友，就得意忘形地叫看起來不受女生歡迎的男性剪頭髮、減肥那女人的事啊。是叫作出租女友嗎？當時的詛咒全都彈回我身上了，對吧？」

最困難的事，最簡單的事

對人類而言，最簡單的事是什麼呢？

那就是，批評。

批評他人，批評成果，是連小孩子都做得到的事。或許正是因為如此，霸凌的問題才難以絕跡。

那麼，對人類而言，最難的事情又是什麼呢？

那就是，原諒。

一個人遭到他人冒犯而動怒後，常常難以原諒對方。那種無法原諒的心情，會讓自己也跟著陷入不幸。即使理智上明白這一點，要原諒他人的行為依然很困難。

一個人如果遇上討厭的事，又一直糾結在這件事上，引發了滿腔怒火，結果可能不光會影響對方，就連身旁無辜的人都會連帶被遷怒，造成大家困擾。

怒氣很容易使人犯下另一個錯誤。所以如果你現在正怨恨著誰，就必須鼓起勇氣將那股怒氣放下。

話雖這麼說，要放下憤怒、怨恨，是非常困難的事。絕非輕而易舉就能辦到。因此重要的或許是，先去了解憤怒和怨恨的本質，再付諸行動，努力地一點一滴地放下。

第四章

輪迴

蓮花在佛教中被尊為高貴的花朵。

因為蓮花雖是從淤泥中冒出芽來，卻能出淤泥而不染。這諭示著人類也應力求自身不受汙濁所染，追求如同花開一般的開悟。

還有另一個原因，蓮花有一個不可思議的特性，和其他花朵都不同。

那就是在開花的同時，也會結出許多果實。

掉進淤泥裡的種子，從泥中長出芽，再開花結果。不久後花朵枯萎，又歸還於泥中。

然後留在莖上的果實部分在乾枯之後，只剩下種子。最後連莖都枯了、折彎，包含種子的部分又沉到淤泥裡。接著那些種子再冒出新的芽，綻放出花朵。

這個循環，就如同我們的生命不斷輪迴轉世一樣。

輪迴轉世專指生命，至於萬事萬物的輪迴，則稱為因緣因果。

惡有惡報，善有善報。下面要講的幾個經驗談，讓我確信這句話是真的。

峠

京都有幾條路都以峠（山嶺隘道）來命名，比方說像是〇〇峠。據說在這些隘道中，有一條路千萬不可以開紅色的交通工具上去。

因為有個傳聞，如果駕駛紅色的交通工具走那條隘道，就會發生車禍。實際上，我也在這條隘道上親眼看過幾次出車禍的紅色機車或汽車。

這只是單純的偶然嗎？還是駕駛發現自己不小心開紅色的交通工具來這條隘道，滿心擔憂會出意外，反倒犯下駕駛失誤也說不定。由於一個閃過腦海的念頭，導致思維受困這類心理層面的因素或許也相當有可能。

接下來要分享的是超過二十年以前，在京都某條隘道上發生的，一起淒慘而難以理解的案件。

「真的好久不見了，你過得好嗎？」

這句問候來自我的高中恩師。他大學畢業當上教師後，教的第一個班級就是我們那一班，因此老師和我們對彼此的印象都非常深刻。不過這次的久別重逢，並不是為了暢聊高中時代的往事。

簡單寒暄過後，老師表示「想直接切入正題」，就正色開始訴說。一開始我因為高中恩師找自己商量事情感到有幾分難為情，但隨著老師的敘述，這種感受就徹底消失無蹤。

這一天，老師是和兩位朋友一起來的。而他先用這句話當作開場白。

「三木，你還記得嗎？我消失的兩星期。」

消失的兩星期——豈止記得，我一直很想問。

我還是高中生時，有次老師突然請了兩星期的假。當時的理由是生病，但同學之間都在傳老師遭警方逮捕了，不然就是說老師發生嚴重車禍住院了，一時之間各種謠言滿天飛，所以我印象很深刻。

「還有上新聞和報紙呢。」

老師簡直像在講別人家的事一樣笑笑，然後才開始說明他消失的那兩個星期。

某個星期日，老師和三位朋友總共四人開車去滋賀縣玩，回程半夜十一點多，正好開上一條通往京都市內的隧道。

如果開紅色的交通工具走那條隧道就容易出車禍。老師一行人當時也曉得這項傳聞，掌握方向盤的那位朋友還刻意稍微放慢速度，讓後方來車先過。甚至有些駕駛一看見紅色車子，應是出於好意提醒，還特地閃大燈。沒錯，老師他們那輛車，正是紅色的。

一路小心謹慎地慢慢開抵隧道的最高處。那裡有一個大型停車場，儘管當時已經是半夜，仍停著幾十台年輕人的車，也有來情侶看夜景，甚至還有老闆嗅到商機，開著箱型車改造的熱狗店來擺攤。

剛才心裡緊張，開得又慢，四人都有些疲憊，一方面也捨不得結束假日，便決定在此地吃熱狗暫時休息。

老師去買熱狗，其他三位朋友則走向停車場角落的公共廁所。熱狗在箱型車中煎好的同時，有兩位朋友回來了。他們和老師三個人一面享受宜人晚風的吹拂，一面大快朵頤熱狗，等最後一個朋友回來。

可是過了十五分鐘後，另一個人還是沒回來。熱狗都涼透了。

他該不會捲進什麼糾紛吧？三人不禁擔心起來，一起朝公廁走去。再一次走近留神一看，才發現老舊的木造廁所飄散著濃濃的詭異氣息。

廁所不分男女，從入口到最裡頭總共隔成三間。兩位朋友上的是前面兩間，另一個朋友想必就是進了最裡面那間。

他們一面敲門一面大聲喊朋友的名字，卻沒得到任何回應。想拉開門，卻發現門似乎上鎖了，打不開。門板下方沒有空隙，但上方有一點空間，他們把手搭在門板上，打算拉起身子向內窺探，結果頭撞到天花板，沒預期中順利。

就在他們絞盡腦汁想各種辦法時，那位朋友進廁所已經超過三十分鐘，發生意外的可能性實在太高。當時手機還不普遍，他們急忙跑去跟廁所反方向的停車場另一頭打公共電話報警。

不到十分鐘，幾台警車就抵達位於隧道高點的停車場，後面還跟著一台救護車。停留在停車場的年輕人也紛紛好奇地聚過來。

三人向警方說明來龍去脈後，兩名警察一面阻止湊熱鬧的群眾靠近，一面走進廁所。

「唔哇——」

沒多久，兩名警察大叫的聲音響遍停車場。

走出來的那兩名警察立刻打電話聯繫某處，也沒向他們說明朋友到底跑哪裡去了，就要老師和其餘兩位朋友在不明就裡的情況下，分別坐上稍後抵達的三台警車，再走那條隧道將三人帶回京都市內的警察局。

老師到了警局後，在看起來像是偵訊室的房間裡，被警察鉅細靡遺地盤問那一整天所發生的大小事。說完一遍後，又被要求從頭再說一遍，就這樣反覆敘述了好幾次。問題涵蓋朋友身上穿的衣服，甚至是頭髮的顏色，連再小的細節都不放過。

隔天，他好不容易才離開那個房間，移動到另一個大房間。另外兩位朋友也在那裡，似乎遭受了一模一樣的對待。

三人依指示並排坐在折疊椅上。一位體格同西方人高大魁梧，身穿西裝看似刑警的人走進來。

「三位的嫌疑已經洗清了。」

老師他們有什麼嫌疑呢？刑警用低沉聲音繼續說，

「你們可能已經猜到了，你們的朋友在那間廁所裡面過世了。」

儘管他們已大致有心理準備，但親耳聽見真相的瞬間，仍受到了相當大的打擊。不過真正恐怖的事，從這裡才要開始。

刑警以公事公辦的語氣往下說，

「你們那位朋友呀……過世時兩隻眼睛的眼球都蹦出來了。」

「咦？」

三人震驚到忍不住驚呼出聲。

「根據驗屍官的說法，人在受到過度驚嚇的狀態下，眼壓會急遽上升，壓迫眼球彈出來喔。」

那位刑警從頭到尾都以淡淡的口吻陳述，反倒令人信服他說的是事實。

「還有呀，如果恐懼，或說驚嚇的狀態持續了幾分鐘，頭髮也會同時褪成白色喔。你們那位過世的朋友，已經是一頭白髮了。還有……」

「等、等一下……」

這些內容太過衝擊，老師他們一時無法消化想要喊停，但刑警不予理會，逕自往下說。

「還有，他雙手的手臂交叉在胸前——就像天冷時會用雙臂抱住自己那種姿勢呀——曾以指甲狠狠抓過兩側肩膀喔。所以雙肩的位置不僅T恤破了，到處都是血，雙手的指甲也全部脫落了。」

刑警講到這裡，嘆口氣輕輕說了句：「這是為什麼呢？」也不知道是在問老師他們，還是在自言自語。

一開始，警方認為老師他們有高度嫌疑，但從目擊者的證詞和現場情況判斷，才證實了三人的清白。

後來，過世友人的進塔儀式順利完成了。每年，三人都會在忌日當天去朋友老家的佛壇上香。

在朋友的七回忌法會當天，過世友人的雙親向他們說：「這六年真的謝謝你們了。」還說往後由家人來供養就好，希望他們別再掛心。當時老師已經結婚生小孩了，想來朋友的父母是考量到這一點吧。

接下來的十幾年，三人也慢慢疏於聯繫，逐漸疏遠。

某一天，老師睡到半夜時，耳邊響起「哇！」一聲大叫。他嚇一跳爬起身，卻沒看到人。正當他心想大概是自己聽錯了的時候，才注意到自己的雙臂在胸口前交叉擺著。這瞬間，當時那位朋友的面龐突然浮現腦海。

隔天早上，他久違地嘗試聯繫其他兩個人，才驚訝發現其他兩人也都經歷了同樣的情況。

他感到這絕非單純的偶然，三人相隔多年再次拜訪那位友人的老家，去佛壇上香。接著又來我寺裡，請我幫忙再誦一次經。

誦經完畢之後，大家喝茶聊天敘舊，聊著聊著才發現三人竟有一個共同點。那就是他們最近都剛換車，而且選的車子顏色都是……

「他是來提醒我們的吧。」

要說這只不過是偶然，因果業報根本不存在，是很簡單的事。但對於老師他們三人而言，這是友人特地捎來的、令人感激的「忠告」。最後，三人都決定放棄原本訂好的紅色款，改買其他顏色的車子。

寵物墓園

「公司太奇怪了。」

兩位西裝打扮的男性異口同聲說。

其中一位是今年大學畢業，才剛開始工作的年輕男性槻木。另一位男性則是進公司八年多，年紀介於三十到三十五歲之間，姓高橋。

先開口的是身為前輩的高橋先生。從他的話聽來，兩位任職於由某企業出資創立的寵物墓園公司。

不過從某個時間點開始，接二連三發生了奇怪的事。高橋先生開始敘述時，神情彷彿下定決心要揭露什麼祕密一樣。

「他們真的有好好舉行進塔儀式嗎？」

最一開始是一對老夫妻打電話來抱怨，他們寵物的進塔儀式剛結束沒多久。那對老夫妻說，每天晚上都夢到之前養的狗被綁在森林裡一棵樹上哀號的身影。

不過舉行進塔儀式時，那對老夫妻也在現場，當時有請墓園專屬的僧人誦經，想必不是公司這方面的問題。我有禮地如此說明後，便掛上電話。

沒想到從那一天起，一連好幾天都不斷接到內容相同的電話。

我直覺這應該是出了嚴重的問題，卻又不曉得自己能做些什麼。就在那時，我旁邊這位槻木剛好進公司。頭幾個月他負責推廣業務，都在外面跑，剛好就在陳情電話增加的那陣子調來幫忙進塔儀式

高橋先生說到這裡，目光轉向槻木先生的方向。

「其實……」槻木先生先這樣開頭，停頓片刻後才開始敘述。

那是有一次我出席進塔儀式時發生的事。當天那位僧人在誦經時不僅結結巴

巴，還錯誤百出，問題多到簡直令人懷疑他是不是真的僧人。幸好我爺爺是寺院的住持，我也看得懂一點佛經，所以我就去質問那位僧人。一開始他還抵死不認，但一聽說我對佛教知之甚詳，就立刻坦白了。他居然是打工的學生。看到墓園在徵人打工的廣告便前去應徵，即刻就被錄取。練習誦讀各宗派的佛經後，公司就要求他假扮成僧人舉行法會。

那位打工學生按照指示執行後，馬上就去質問該墓園的老闆，沒想到對方反倒是一副「那又怎麼樣」的擺爛態度，威脅他要是敢洩露出去就炒他魷魚。

我還在思考該怎麼處理才好時，就接二連三地發生了奇怪的事情。

好幾位同事都說身體不適，相繼請假。一位同事只要夜裡躺上床，耳邊就全是貓狗的叫聲，完全無法成眠。還有一位同事家裡不僅瀰漫著動物的體臭味，還四處散落動物毛髮，味道愈來愈難聞。這些人都開始害怕動物的身影。表示身體不適的同事愈來愈多，甚至有人提出了辭呈。

最後，終於輪到老闆自己的身體也出了狀況，不得不請假。詢問一起工作的老闆外甥，才得知其中緣由相當驚人。

一天早上老闆起床時，手臂忽然一陣刺痛。低頭一看才發現，手臂上出現了像被抓過的傷痕。疼痛只持續了短短一瞬間，所以當天老闆便放著不管，但隔天早上，居然全身都布滿了抓傷。然而很不可思議地，一點都不會痛，因此他又繼續放著不管。直到再隔天的早上，手腳上都出現了被咬過的齒痕，當天中午全身都腫起來，發高燒病倒了。老闆目前正在住院，公司陷入停業狀態。

兩位說的內容實在令人難以置信，我這樣講有點不禮貌，但聽起來是三流恐怖電影常見的故事設定。不過我信了他們的話，因為他們說話時明顯流露出因恐懼而惴惴不安的神態。

後來我們在寵物墓園舉行了供養儀式，健康狀況不佳的老闆和員工們都出席了。同時請那位打工學生辭掉假扮僧人的工作，我也幫忙找來出家的正統僧人來誦經。

據說後來墓園的奇怪現象就消失了，老闆最終也恢復了健康。

我以前也養過狗。那隻狗極為忠實，不知道曾多少次療癒了我們全家人的內心。儘管叫作寵物，其實也等同於家人了，那隻狗過世時，我傷心得不得了。我猜想牠的心情一定也和我相同。

在這個寵物墓園裡的寵物們，或許是不忍看到至今一同生活的家人上當受騙，為了提醒他們才引發這一連串事情。

不只是人類，就連身為寵物的動物們，也必須像對待人類那樣用心供養才行。這件事教導了我這個道理。

共享公寓

很多人認為時下的年輕人不擅與人來往，具有逃避人際關係的傾向。但我對這件事倒是抱持著相反的意見。

為什麼呢？因為現在房租便宜、共居型態的租屋方式正流行，而在我個人的觀感中，沒有比和他人共同生活更麻煩的人際關係了。

當然房租便宜想必也是重要的因素，但選擇住在這類地方的並非全都是學生。就算已經在工作，收入也有一定水準，卻刻意選擇住在共享公寓的人正在逐漸增加。

這次就要來分享跟共享公寓有關，不可思議的故事。

某天，一位房屋仲介帶著兩個人來到寺裡。一位是經營共享公寓的房東，另外一位是在京都讀大學的女學生。

「妳姊姊最近好嗎？」

我出聲問候，女學生露出燦爛笑顏，

「她很好，一切順利。今天路上塞車，她會晚一點到。可以麻煩你稍微等一下嗎？」

當然。我點頭同意。沒多久，「不好意思我們遲到了。」她姊姊和先生一起來了。

這幾位之所以與我相識，要從半年多以前開始說起。

那天，房屋仲介在深夜打電話來。

「可以麻煩你現在馬上到位於〇〇的神社前面來嗎？麻煩你盡快。」

我雖然不曉得情況，但電話中的聲音聽起來進退兩難，便決定先趕過去再說。我一到，就看到神社前面停著幾台警車。

「大雲師父——這裡，這裡！」

房屋仲介拉住我的手走到的地方是，從神社旁邊小路進去的一棟屋子前面。叫我詫異的是，居然有警察匆忙進出那間屋子。

「究竟發生了什麼事？」房屋仲介對我的問題置若罔聞，自顧自地說「請進」，便拉著我進到屋子裡。

那間屋子正是俗稱「鰻魚的寢床」，狹長型隔間的日式傳統民宅。在走到底最裡面的房間前，「那我們就先收隊了。」我聽見警察這麼說。

「真不好意思。」

一臉歉意深深鞠躬的，就是此刻才初次見面的女學生及房東。

那麼，為什麼會叫我過來呢？那個理由要再回溯到更久以前。

這間傳統民宅的外觀雖然老舊，裡面卻重新裝潢成共享公寓。一踏進玄關，右手邊是通往二樓的樓梯，上到二樓後，有共用的廚房、廁所和浴室。一樓正中央是一條長長的走廊。走廊的左右兩側各有三間房，房門兩兩相對。也就是說，總共有六間房間。

不過這間共享公寓只有五間房有人住，左手邊最裡面的房間不外借，是「從不打開的房間」。因此這間共享公寓的住戶就是五位女性。

從這棟屋子的玄關面向走廊算來第二間，也就是從不打開的房間前面的那一間房，就住著之後來寺裡參拜的那位女大學生。

她住這裡已經差不多兩個月了。她住得舒適，和其他房客也相處愉快，只有一件事令她不滿意。那就是隔壁房間那位學姊的打呼聲。

她在鄉下長大，夜裡都在蟲鳴環繞下入睡，過去一直生活在如此安靜的地方，現在隔壁房傳來的噪音造成她相當巨大的心理壓力。

她也嘗試過戴耳塞，不過反而因為不適應耳朵塞了異物的感覺，根本無法入眠。儘管睡眠出了問題，她也難以啟齒請學姊改善打呼問題，就這樣默默忍耐了將近兩個月。

直到有一天，她終於因為睡眠不足導致上課遲到了。她心想這樣下去實在不是辦法，就去找房東談判，問看看是否能換到隔壁那間從不打開的房間。

房東一聽便斷然拒絕，直說「那個房間不行」。但在她百折不撓地交涉下，房東才在設下附加條件的情況下同意了。

那個條件就是，絕對不能使用那間房裡的衣櫃。那間房裡原本應該是壁櫥的地方經過重新裝潢，擺上了一個西式風格的衣櫃。

至於附上這項條件的理由，房東的說法是因為其他房間都沒有衣櫃，大家繳同樣房租這樣會不公平，所以才把那間當成從不打開的房間。照理說只要再補上一點錢就能使用衣櫃也行，但這樣又得找來現在的所有房客，討論那個衣櫃由誰來承租。女大學生不想把事情搞得這麼複雜，便同意了房東的條件。

對其他房客則說，房東發現房間地板有損壞，才請她搬到最裡面的房間。

自己付出這麼多努力，終於換來了寧靜的入睡環境。她原本是這樣想的。

可是不曉得為什麼，每到晚上，她就會聽見聲音。

「咻——咻——」

是因為現在和學姊的房間中間多隔了一個空房間嗎？那個聲響和之前的打呼聲不同，像是穿過空氣的聲音。不過至少比之前的打呼聲小聲多了，想到這點，她不禁在心裡歡呼。

第二天夜裡，她鑽進被窩後，那道微小的聲音又傳進了耳裡。

「啊——啊——啊——」

聲音和昨晚不太一樣，與其說是打呼聲，更像是小貓的叫聲。

打呼聲難道會依當天的身體情況改變嗎……她腦中轉著這些問題，也不知道過了多久時間，她發覺聲音忽然改變了，明顯變大聲了，簡直就像從隔壁房間傳過來的一樣。突如其來的變化令她心生恐懼，但她打算找出聲音的來源，爬起身，豎耳傾聽。結果發現那個聲音是從房間裡的衣櫃傳出來的。

是外面的聲音反射才給人這種感覺嗎？不，很明顯就是有什麼東西在衣櫃裡。她很確定。於是她決定違反和房東的約定，膽顫心驚地打開那個衣櫃。

「哇啊啊啊——」

她的尖叫聲響徹整棟共享公寓，其他房客都嚇得爬起來，跑來她房間擔心問：「怎麼了？」她一看到其他房客就立刻大喊：「馬上報警！」隨後警車便呼嘯而來。夜裡這場騷動的來龍去脈就是如此。

她說自己看得很清楚，也一再對趕過來的警察強調：「絕對有。肯定沒錯。拜託你們找一下。」

不過卻連個影子都沒找到，最後只好向警方道歉。就是我抵達當時看到的情況。

警方回去後，我和幾位嚇壞了的房客決定一起在二樓聽她說說。她究竟在衣櫃裡面看到了什麼？

她雖然害怕，卻用清晰的聲音，篤定地說：

「有一個用領帶吊住脖子的小嬰兒。」

不是謊言。也不是看錯。她應該是真的看見了吧。

「房東，你心裡有底嗎？」

聽見我的提問，房東先大大呼出一口氣，向所有人低頭道歉。接著，維持低頭的姿勢，

「這棟房子改建成共享公寓，是在某件事發生之後。」

說完這句話，房東抬起頭，神情苦澀。

「這棟房子之前的房客，是一對有新生兒的夫妻。太太有產後憂鬱。面對眼前哭個不停、不受控也不聽話的嬰兒，精神狀態已出現異常的太太用領帶綁住小嬰兒的脖子，把他吊在那個衣櫃裡的桿子上，殺害了自己的孩子。」

聆聽房東陳述的房客們全都面面相覷，震驚不已，背脊發涼。她們想必從未想過，自己和其他房客共同居住的房子居然曾發生過如此悽慘的悲劇。

我只能請她們向著一樓那間房的衣櫃，一起誦經。

幾天後，負責處理那間屋子租賃事宜的房屋仲介、房東和女學生來到寺裡，告訴我那間共享公寓已經停租了。

那時，她說了一句出乎意料的話。

「我有一個姊姊已經結婚了，他們夫妻正因一直沒有小孩而煩惱。我告訴她這次的事情後，他們說真希望那孩子轉世投胎來到自己身邊。住持，可以麻煩你為這件事誦經嗎？」

「求子的結果我沒辦法跟妳保證，但我們一起祈禱看看吧。」

這種目的的祈禱並不常見，在那之後供養持續了好幾個月。

然後前陣子，她姊姊和先生一同來到寺裡，告訴我已經懷孕的好消息。當時那個小嬰兒現在怎麼樣了，我自然是不曉得。不過，若是結果真如他們所願，我誠心祈求他這輩子能過上幸福的人生。

律師

「其實，我們這一行出乎意外有很多人都看過鬼。只是如果律師說自己撞過鬼，會讓自己的可信度大打折扣因而影響到工作，所以大家都不願意說。」

苦笑著這麼說的人，是安田律師。

在各種來找我求助的問題中，如果需要走上法律程序時，安田律師就是我固定會商量的對象。

一般來說，社會地位高的專業人士如果談及科學尚未能夠證明的事物，似乎會有風險。

「這樣呀。那麼，安田先生，你曾有過不可思議的體驗，或是曾經看過亡靈嗎？」我開玩笑地問。

「我嗎？這個嘛……」

安田律師平時講話的速度非常快，常給人一種滔滔不絕講道理的印象，面對我的疑問，也總是像在打桌球賽般秒問秒答。

不過面對這個問題，他卻欲言又止地遲疑了數十秒。

「安田先生，你怎麼了？」

我再次出聲，他彷彿有電流竄過全身似地嚇一跳，

「說的也是呢……對象是三木住持的話，說出來應該也沒關係吧。」

「當然，請務必告訴我。」我這麼回答。安田律師這才緩緩開始敘述，無法用科學說明的那件事……

那是在我尚未獨立開業，還任職於大型律師事務所的時候。

那間律師事務所會接公設辯護人的案子，有次我和前輩一起接了其中一個案子。

公設辯護人，是在刑事案件中，如果被告沒有能力聘請律師時，用稅金支付國家選任律師的一種制度。不過站在律師的角度，這相當於在做義工，很多人乾脆把它當作在回饋社會。

我參與的公設辯護人案件，是一件詐欺案。那件詐欺案的被告，也就是犯人，假設他叫作A好了，我們就是接下為A辯護的工作。

細節我不能透露太多，但這件案子的被害人在大學畢業後就進入一流大型企業工作，就稱他山本吧，而A的罪行就是勸誘山本捐款支持慈善活動，從而奪取了大筆金錢。

山本一開始給了A幾萬日圓。沒想到A卻表示，捐款制度是只要捐過一次，就必須連續五年按月付款，而山本也真的持續每個月付幾萬日圓。過了幾個月後，山本甚至被半強迫地每個月支付更多金額。

這件事情之所以曝光，是因為山本開始為付錢所苦，自殺未遂，才讓他父母得知此事並報警。

在法庭上，A主張被騙的山本也有錯。「我從來不曾威脅山本。」「只要山本堅持拒絕付款，我就不會再收他的錢。反倒是山本自己要付錢給我的。」「只要山本說他不想付，事情就結束了。」

甚至關於金錢去向，他也不知羞恥地反駁：「我跟山本說的是，我會捐『一部分』給慈善團體，我可沒說會全部捐出去。收到的那些錢，我確實有捐幾日圓到便利商店收銀檯旁邊的捐款箱裡頭，所以我沒有違背和山本的約定。」

我當時想，假設他真心這樣認為，那必須讓他明白自己錯在哪裡才行，但實情並非如此。實際上，A是認為這樣說有機會逃過判刑，才在明知這些說詞是強詞奪理的情況下還堅持自己是清白的。他偶爾還會說出「裝作精神狀態不穩定會不會對我更有利啊」這種無恥的話。我也曾憤怒地嗆A：「你連在法庭上都打算詐欺嗎？」

不過我的前輩卻認為我們有義務保護A的人權，必須盡力為A的說詞辯護，在法庭上陳述了責難被害人山本的內容。山本想必很不擅長面對別人的猛烈炮火吧。他有時候會突然說出「是我的錯」，然後他的律師就會慌忙制止他。

坐在旁聽席的山本父母也曾忍不住插嘴：「你沒有錯！」遭到法官提醒。

我知道，每次這種時刻，A臉上掛的那個笑容其實是在壓抑竊笑的衝動。

這樣的法庭攻防戰持續了三次以後，有一天，檢察官打了一通電話過來。他的語氣極為平淡，和他說出的內容完全相反。「公設辯護人的詐欺案，被害人山本的遺體今天早上被人發現了。房間裡也有找到遺書，幾乎可以肯定是自殺。當然還是要等驗屍後才知道。只是這起案子接下來會在缺少被害人的情況下進行，麻煩了。」

他一說完公事，便掛上電話。

我陷入深深的罪惡感之中。當然我不用負任何法律責任，不過，就是因為我們幫A辯護，才會將山本逼到走投無路不是嗎……我極度懊喪，內心很難受。

後來驗屍結果出爐，判定是自殺無誤後，便舉行了葬禮。我和律師前輩一起參加了葬禮。在準備回去時，山本的父母向我們說：「我們一定會在法庭上證明兒子是清白的。」

我轉告A這件事後，

「這世界就是弱肉強食啦。弱小的傢伙死了最好。」

他輕蔑地拋出這句話，甚至還問自己的罪刑會因此而減輕嗎？我只能狠狠瞪著眼前這個男人。

下一次開庭，由檢察官宣告山本過世的事實，並在被害人缺席的情況下進行審判。他的父母就坐在旁聽席裡。

一般而言，被害人缺席會對被害人不利。在這起案子中，我也擔心眼前這種狀況說不定對山本那方不利。不過，這僅限沒有出現新證據的情況。

我身為被告律師，心情自然是十分複雜，但我的預測完全錯了。對方居然接二連三提出令人意外的證據。

首先呈堂的是，被告與山本交談的影片及影片中的對話內容。甚至還出現了錄音檔，聽起來正是山本在A的恐嚇之下拿錢給他時的談話。

身為律師，我們有權要求對方在開庭前公開證據，對己方不利的內容或不需要的證據，可以不同意對方帶上法庭，但看來前輩沒有這麼做。

「要是能早點找出那段影片和那個音檔，山本現在還活得好好的，太遺憾了。而且我還沒腐化到那種程度，只為了勝訴就不同意那麼重大的證據出庭。」

就連看似冷靜的前輩也對A的喪盡天良憤慨不已。

只是有一件事我很好奇。山本在世時也沒有出現在法庭上的那段影片和那個錄音檔，在他過世後究竟是從哪裡找出來的呢？職業病促使我提出這個疑問，卻獲得了意外的回答。

葬禮結束那天夜裡，山本出現在父母的夢境中。「對不起，對不起。」他哭著不斷道歉。父母極為心疼兒子，一直到七七四十九日為止，都屢屢在他的牌位前說：「你沒有做錯事。沒關係，沒關係。」

結果在四十九日法會結束後，當天夜裡山本又再次出現在夢境中，告訴他們一串車牌號碼以及一個地址。然後，伸手指向車上裝的行車紀錄器。

山本父母雖感到不可思議，但認為兒子可能是想要傳達某種訊息，便前往那個地址所在的地點，沒想到真的看到一台車牌號碼吻合的車子，而且車裡也裝著行車紀錄器。

山本父母向車主說明原委，請求對方讓他們查看影像。車主表示這台車以前發生過車禍，舊影像應該只剩下車禍當時的錄影了。山本父母說那樣也沒關係，懇切拜託對方，對方才終於同意。結果裡面清楚錄下了車禍的瞬間，還有馬路旁邊的行人道上，山本被揪住胸前衣服的身影。而且聲音也錄得一清二楚，除了車禍發生時車主驚慌失措的聲音，還有行人道上A說「警察來了就麻煩了，快點把錢拿來」出言威脅的聲音也清晰保存下來了。

最不可思議的是，從山本的手機找到了兩人對話的錄音檔。這也是山本在他父母夢境中，指示他們去翻找手機資料。山本還在世時曾多次懊惱地對父母說：「早知道就應該把我和A的對話錄下來。」所以他父母也就一直認為沒有留下對話的音檔。然而夢境裡的山本卻指示手機裡留有錄音檔。

到這裡還沒完，更不可思議的是，連我都夢到山本了。他面露溫和的微笑這麼說：

「我是個弱小的人，因此給很多人添了麻煩。一切都是我的錯。所以，安田律師，你沒有責任。請你為了那些和我一樣不擅爭辯的人，今後也繼續努力。」

我這才第一次知道，原來就連看起來冷靜沉著又優秀的安田律師，也會對於究竟何謂正義而感到迷惘，他依然堅持走在律師這條道路上，是因為一位已經過世的人給予的鼓勵。

山本先生真的是一位弱小的人嗎？我的看法略有不同。他願意捐錢支持慈善活動，證明他心地十分善良。他不擅長與人爭辯，是因為他愛好和平。那不能武斷地稱之為弱小吧？

安田律師最後還告訴我一件事。

「被告判刑入獄後，一改原先妄自尊大的態度，精神狀況變得極不穩定。他害怕做夢，每天晚上都不敢睡覺，嚴重睡眠不足。聽說他常向監獄的管理人員哭訴：『那傢伙每天都到我夢裡來，面目猙獰地一直瞪著我，教訓我要老實做人。』這就是因果業報報應吧。」

坐等果報降臨

「明明做了好事，卻接二連三遇上壞事。明明做了壞事，卻反倒發生好事。這樣不是違反了佛教的教誨嗎？」

曾有人向我提出這樣的疑問。無論做再多好事也不受他人認可，而有些人明明做盡壞事卻沒受到任何懲罰，這不是太不公平了嗎——我能理解這種心情，但這個現象仍舊符合佛教所闡述的，這個世界的真理。

比方說，單從結果來看，搶劫銀行的犯人最後是成為了大富翁。但那只不過是一個暫時的結果。那個行為帶來的報應，有一天一定會來。這個犯人肯定每天都要提心吊膽不知自己何時會落網，根本沒有片刻能夠舒心吧。而理所當然地，他要是遭到逮捕也會馬上被關進監獄。總之，那個報應必定會降臨。

做了好事卻立刻遭逢不幸，這種事確實有時候也會發生。但那個福報最後一定會來。甚至可能會在忘記這件事情後才到來也說不定。說到底，預知業報到底何時會來，原本就是超出人類能力範圍的事。做好事，同時坐等果報降臨，尋常過日子，這樣才是最好的吧。

再講得更深入一點，有時候業報不會降臨在這一世，要到下一世才會來。也就是說，做了壞事，是不可能永遠逃得過報應的。因果報應。依循這個道理絕對不做壞事，才是真正為自己好。

第五章

禁戒

「在晚上剪指甲，會見不到父母的最後一面」、「深夜不能對鏡子大聲講話」、「兩面鏡子相對擺，就會連通靈界，千萬不可以這樣放」……這些都是自古以來告誡大家最好別做的事。不管哪一項都很難找到科學上的根據，但為什麼會出現這些說法呢？

比方說有一種解釋是，這可能是在警告我們在晚上剪指甲比較危險，容易因四周太暗而受傷。此外，深夜不能對著鏡子大聲講話，可能單純是為了避免吵到鄰居。至於兩面鏡子相對……我見識有限，不曉得有什麼能令人信服的科學解釋，但以前我曾經聽說過這樣一件事。

有一間連鎖餐廳，經常有晚上關店後負責清掃廁所的員工投訴「看到幽靈了」，要求總公司改善環境。總公司重視這件事，派人員檢查了店內的每個角落，卻沒有發現明顯的問題。唯一一處被點名的，就是廁所在相對兩側都裝了鏡子，也就是鏡面相對的狀態。

於是，總公司斷然施工改變廁所鏡面的位置，連裝潢都一併換了。很不可思議地，之後就再也沒有員工抱怨撞見幽靈了。

最後的這些故事是關於那些在日常生活環境中，窺見不可思議入口的人們。

木芥子媽媽

那個女孩的名字叫作優子。

優子不知道父母的長相。自她懂事起，就是和外婆兩個人相依為命。後來，外婆也在她上小學時過世了。年紀尚幼的優子在還不明白孤獨這個詞的涵義時，就失去了這世上的所有親人，我完全無法想像那份孤單該有多深。

後來，優子進了一間孤兒院。一段足以忘卻至今所有孤單記憶的緣分，就在那裡等著她。

在這間孤兒院裡，也有其他小朋友和優子一樣，連父母長什麼模樣都不曉得。其中住在同一個房間的紗代，不僅和她年紀相仿，且差不多時間進孤兒院，連境遇都很類似，兩人一拍即合立刻成了朋友。

不管是從孤兒院去上學、寫功課、吃飯，甚至連洗澡的時候，兩人總是如影隨形。而紗代身邊總帶著一個她稱之為「媽媽」的「木芥子人偶」[1]。紗代想必是靠這個木芥子人偶來排遣缺少媽媽的孤單吧。後來，優子也開始跟著叫這個木芥子人偶為媽媽。孤兒院的老師甚至把兩人叫作「木芥子媽媽的雙胞胎姊妹」。

感情如膠似漆的兩人，卻面臨了突如其來的別離。

那是兩人念國小五年級的冬季。再兩天就要放寒假了。那天，從一早就極為寒冷。

從幾天前開始，優子就感冒請病假，不過到了這一天，她燒已退，身體也大致復原，照理說可以去上學了，但為了保險起見今天還是請了假。因為孤兒院的老師曾答應她們，放寒假後要帶兩人去附近泡溫泉。

紗代也非常期待這趟溫泉旅行，出言安慰：「優子，妳再多休息一天，恢復

1 木芥子人偶〔こけし（KOKESHI）〕，是一種圓柱狀的木製雕刻人偶，頭部是較寬的圓球，有簡單的軀幹，沒有手腳是其特色。

精神，然後就放寒假了。」

「謝謝妳。我會好好休息。」

「那，優子，木芥子媽媽，我去上學了，掰掰！」

這是優子最後一次見到紗代開心的笑臉。

優子滿懷期待地等紗代放學回來。自從知道要去泡溫泉，兩人早就討論過要帶哪些東西，要在溫泉那邊做些什麼，因此她一一將要帶去的物品條列出來，準備拿給紗代看。

可是，紗代沒有回來。那天放學後，她遭一台闖紅燈的車子撞飛，過世了。

優子說，她完全想不起來，孤兒院老師告訴自己紗代過世消息時的事。可能是太過強烈又突如其來的孤單及失去的悲傷再度席捲優子，模糊了這段期間的痛苦記憶。

優子和我認識是在那場悲慘意外發生的十幾年後。前面敘述的內容，也是當時她告訴我的。

那時優子已經成年，即將要結婚了。她說在結婚前有事情想找我商量。那就是關於木芥子媽媽的事。她從包包裡取出一個老舊的小木芥子人偶，突然這麼問：

「住持，紗代之所以會死，是這個木芥子人偶害的嗎？」

我大吃一驚。眼前這個人偶，應該就是方才在她的敘述中出現的，對兩人都很重要的那個木芥子媽媽。但優子現在卻懷疑紗代會死是它害的，這是怎麼一回事呢？我反問她為什麼會這樣想。結果她以微微顫抖的聲音，先說了「我其實是認為並非如此」，才給我看一張便條紙。上面寫著「子消除」[2]。

「我聽說KOKESHI的漢字其實應該這樣寫。這是殺害孩子的意思嗎？所以紗代才會過世嗎？」

「KOKESHI」的由來有各種傳聞，我並不清楚何者為真。說不定的確有一

2 紙條上的日文是「子消し」，讀音與木芥子相同，有一種說法認為過去貧困的家庭經常出現流產或墮胎，於是製作人偶以慰孩子之靈。

種說法，是優子聽見的那個意思。

「優子，我認為不是這樣。」

這麼說完，我寫下「子化身」[3]遞給她，意思也就是小孩的化身。我其實不知道有沒有這種說法存在，但我對她說，「小孩的化身」很可能是替身的意思吧？

「那它為什麼沒有代替紗代擋災呢？」

「大概是因為對紗代而言，這個木芥子人偶是『媽媽的化身』，而不是她自己的替身吧？」

我不知道優子對於這個回答是否滿意。話說回來，我連是否真有答案一事都不確定。剩下的必須由優子自己去思考。

幾天後，優子去紗代的墓前上香，告訴她自己即將結婚的消息。當天夜裡，優子就夢見了紗代。

在那個夢境中，回到小時候的優子和紗代，去了那趟當時沒能成行的溫泉之旅，一起度過了快樂無比的時光。一邊泡溫泉一邊愉快談天時，優子說紗代過世後自己很難過，還提起快要結婚的事。

夢中的紗代聽見優子要結婚了，非常高興。在最後，她這麼說：

「優子，妳已經不需要木芥子媽媽了。因為現在輪到妳要成為真正的媽媽了。」

下一刻，優子就醒了。

去年年底，優子再度造訪寺院時已懷有身孕。她告訴我，她將之視為一個轉變的契機，把「木芥子媽媽」擺進紗代的墓裡。

---

3 「子化身」讀音也與木芥子相同。

右手

「我找她講話純粹只是好玩，完全無涉於喜歡與否這種心情，只不過是在打發時間。」

年輕男性頭髮染成咖啡色，大概是一種造型吧，雙手的手指戴著許多戒指。他身旁的女性認真、儀容整潔，正與這位男性在交往。兩人表示有事找我商量，一起過來寺裡，但這位男性就是所謂的「渣男」，他話中的「純粹只是好玩」，指的多半就是「搭訕」。

「那一天，我在咖啡廳等朋友。」

那位男性也不在意女朋友人就在旁邊，逕自說了起來。

他和朋友約好在咖啡廳碰面，但朋友臨時不能來了，他忽然沒事做，便主動向坐在附近的年輕女性搭話。

「妳一個人來嗎?有空嗎?」他這麼說之後,女性看著他溫和一笑,回答:「有啊,算是有空。」

她身材纖瘦,有一頭長髮,長得很漂亮,卻莫名散發出一股陰沉的氛圍,看起來像是位神經質的人。

妳住在哪裡?有男朋友嗎?他就是隨口問,不經心地閒聊了幾個小時。都只是為了消磨時間。

傍晚他餓了,就邀那位女性共進晚餐,而她也毫不遲疑地答應了。

原本他以為女性應該會拒絕晚餐的邀約,這樣他就可以去找其他朋友。這才是他的真心話。他只不過是敷衍地問一聲而已。

但既然問都問了,他也只好和那位女性一同離開咖啡廳。

太陽下山了,兩人在略顯昏暗的街道上,前往附近的家庭餐廳時,無預警地下起了雷陣雨。

兩人都沒帶傘，便加快腳步朝家庭餐廳跑去。這時，他看見綠燈在閃，趕緊小跑步奔過馬路，女性也跟在後頭。

他順利過完馬路後，回頭一看，發現那位女性杵在斑馬線的正中央。她直直望著這個方向，朝自己揮手。「已經紅燈了，妳在那裡幹嘛！」他大吼的聲音淹沒在雷陣雨及高速衝過路口的卡車聲中。碰！磅磅磅！咚！在連續幾道沉鈍的聲響，以及「唧——」如鐵塊刮過鐵塊般的尖銳剎車聲中，原本應該站在斑馬線上的她，消失了蹤跡。

一瞬間，他無法理解眼前發生了什麼事。

「哇啊——」周遭目擊車禍發生的人們失聲尖叫，響徹整個路口。

他依然愣愣地站在原地，遠處警車的警笛聲，以及愈來愈多湊熱鬧人群喧嘩的聲音突然鑽進耳裡。他頓時害怕起來，內心充滿罪惡感。驚慌失措的他，便倉皇逃離了現場。

隔天他在網路上看到車禍目擊者寫的文章。根據文章的敘述，那起車禍十分淒慘，受害者的雙手雙腳都被卡車輾碎。「她是想向我說什麼嗎？」——結果，那位女性站在馬路正中央揮手的身影突然浮現腦海中，嚇得他趕緊用顫抖的手關掉那篇文章。

後來過了兩年多，他認識現在的女朋友，目前正在同居。兩人以前就討論過很多次未來的幸福藍圖，但是一決定結婚的日期後，她的樣子愈來愈奇怪。他坦白說出這些話時，語氣跟外貌給人的印象相反，好似正在害怕著什麼。

當事人就在旁邊，我怕有所冒犯而猶豫，但最後還是問了：「她的哪些地方奇怪呢？」好比說……他開始說明，而女方就一言不發地聆聽。

半夜睡覺時，他聽見有人聲而醒過來。那聲音的主人正是睡在身旁的女朋友，她發出痛苦的呻吟。他猜想她大概是做惡夢了，就一面搖她的身體一面叫她，沒想到她驀地坐起上半身，用尖銳的聲音大叫：「去找我的右手！」下一刻又碰地睡回去。

又有一次兩人走在路上，毫無任何前兆，她突然就把臉貼近地面開始找東西。問她怎麼了，結果她回：「抱歉，我的左手腕掉了，陪我一起找找。」

這時，我將目光移到沉默聆聽的女朋友身上，

「不管是睡覺還是在路上找東西的時候，出現那些奇怪言行的事，我都完全不記得……」

她說話時的表情都快要哭出來了。

兩人最終得出的結論是，這說不定是那位因車禍過世的女性帶來的影響。我不曉得那起車禍和女朋友的奇異言行是否有關連，但我和兩位一起供養了那位因車禍過世的女性。

誦經結束，兩人要離開佛寺前，他深深一鞠躬，向我道謝：「我感覺放下心中一塊大石了。謝謝住持。」而她接著這麼說：

「謝謝。這樣一來，我也能下定決心去那個世界了。」

船岡山公園

京都市內有個公園叫作船岡山公園。雖然名字叫作船岡山，但沒到山那麼高，更像個小丘陵，最高處那一帶成了公園。

可能因為這裡在歷史上曾經是京都的一個刑場，因此也是出名的靈異景點。

船岡山在我讀國中時曾發生一起重大命案。

一位警察遭男性奪去配槍後被槍殺的悽慘命案。電視的即時新聞甚至在命案發生後，立刻呼籲附近民眾盡量避免外出。

後來總算順利逮捕兇手到案。命案過後的幾個月，朋友出於好玩約我一起去事發現場探險。

從船岡山公園的入口到山頂有一條長而緩的坡道，坡道兩旁是茂密的雜木林，就連白天光線也照不太進去，顯得略微昏暗。

「要去等天黑再去。」一位朋友提議。

「喂喂，天黑後不是太恐怖了嗎！」我內心其實是這樣想。但國中生正值心思敏感的年紀，我怕朋友會笑我是「膽小鬼」，實在沒有勇氣說「我們趁天還亮的時候去啦」。所以才有了這個和一群壞朋友不斷狂奔，度過一個不可思議夜晚的冒險故事。

為了找藉口出去，我告訴爸媽要和朋友去澡堂，抱著洗澡用的水盆走出家門。

時間接近晚上七點。在集合地點船岡山公園的入口處，停著五台腳踏車。

「咦？你們都沒有帶手電筒來？」

夜晚的冒險要帶手電筒是常識吧？「博士」的語氣有點跩。他人如綽號，是我們班上最聰明的高材生。

「我有帶傘來。」

好脾氣又身材圓潤的「嗷嗷」一臉得意地掏出雨傘炫耀。可惜，今天晚上下雨的機率是零。

「我就知道博士一定會帶——！所以我就兩手空空地來了。」

個性好強不愛認輸的「帕吉」，不但是孩子王，還很會做人情。小學時他每天都穿短褲，但某個冬日，他不知為何突然穿了緊身褲來。順帶一提，緊身褲在關西腔中就叫作帕吉（PATCHI）。

「我帶了大家的果汁來喔。」

「新來的」在小學時從東京轉學過來，其實已經過很久了，但大家現在還是一樣叫他「新來的」。從帶了每個人的果汁這一點來看，果然是新來的。

「這組澡堂用具肯定會派上用場的吧。」

我宛如預言家一樣高高舉起水盆……拜託來個人吐嘈我吧。因為我是日野日出志這位恐怖漫畫家的粉絲，所以綽號就叫作「日出志」。專長是講靈異故事的自嗨咖我本人。

所有成員就是以上五位。

「那我們出發囉？」帕吉盯著大家的臉這麼說。

「出發前我們先來定規則。」我說。

「怎麼樣的規則？」

「規則只有一條，絕對不能跑。」

「贊成，贊成，我舉雙手雙腳贊成。」跑得很慢的嗽嗽大力支持。

「好，就這樣說定了。要是誰違反這條規則，就要吃一記哆啦A夢正拳。」

帕吉一面說一面握拳給大家看。換句話說，就是要被揍一拳。

「果汁就等我們平安回來後再大家一起喝吧。」

新來的往每個人的腳踏車前籃放進一瓶果汁。他真是個好傢伙。

終於到了這一刻，我們要踏入已一片漆黑的船岡山公園了。我抬頭望向隱沒在黑暗中的那條坡道。這裡在白天感覺只是座小丘，現在卻甚至有點像高山的入口。

第一個邁出步伐的是帶來手電筒的博士。我們跟著博士，以固定的隊形一起走上伸手不見五指的坡道。

那條坡道一開始很寬敞，要五個人並排走也沒問題。但走了一陣子之後，寬度逐漸變窄，感覺就像是左右兩側的雜木林在往我們逼近似的。

「那是什麼！」

我指向雜木林這麼說。當然是開玩笑的。

結果博士驚慌地說：「在、在哪裡？哪裡？」將手電筒照向雜木林。

看見博士慌張的模樣，我立刻看穿他其實相當害怕。

因為博士照著，黑漆漆的雜木林亮起一圈手電筒的圓形亮光，那個畫面就像曾在恐怖電影裡看過的一個場景，大大增添了駭人的氣氛。我頓時後悔開了這個玩笑。

「應該是日出志看錯了吧。」帕吉這麼說時，連聲音都在發抖。

新來的和嗷嗷兩個人抱成一團不講話。

在場所有人都很害怕。不害怕的人，連一個也沒有。一認知到這件事，無以名狀的恐懼朝我席捲而來。

「快走吧。」

我出聲叫大家趕緊前進。只要轉過前面的彎道，那邊應該有路燈才對。果然，一走過彎道，就看見發出微弱亮光的路燈。

路燈照亮了通往山頂的道路。路的左右兩側在同樣的位置各擺著一張水泥製長椅。

博士拿著手電筒，以幾乎要違反規則的速度，朝路燈快步走去。大家也通通跟著加快腳步，至於嗷嗷根本就已經是用跑的了。

「休息一下。」

我在一側的長椅坐下。嗷嗷氣喘吁吁地坐到我旁邊。

「嗷嗷，你得吃一記哆啦A夢正拳了。」

坐在對面長椅的帕吉說。

「我是看博士先開始跑，才跟著跑的……」

「哪有，我可沒用跑的。那叫作快走。我的雙腳可沒有離開地面。」

大家在燈光下爭辯不休，心裡稍微放鬆了幾分。

「那裡就是山頂了吧？我們趕快上去趕快回家。」

聽見新來的這句話，所有人瞬間僵在原地。

位在山頂附近，設在道路兩旁同一位置的兩張長椅——沒錯，這裡就是發生過命案的地點。

所有人不約而同地站起身，快步朝山頂走去。

我們很快就抵達山頂。四周是一片漆黑。

「萬歲，成功登頂了。」

「好，下去吧。」

一個人這麼提議後，大家便立刻動身朝長椅的方向往下走。

「下去之後，有果汁在等著我們。」

「什麼口味的果汁？」

「蘋果汁。」

「那樣就是五（GO）瓶蘋果汁（RINGOJYUUSU），剛好是臨終（GORIN-JYUU）耶。」[1]

大家放聲大笑。宛如長途冒險已經成功一樣，心情好得不得了。

下一刻，五人彷彿撞到看不見的玻璃似地停下腳步。

剛才我們還坐在那上頭的水泥長椅，此刻左右各坐著兩位西裝打扮的男性。

「誰？那些人……」

在寂靜到一根針掉落地面都能聽見的路上，響起嗷嗷快哭出來的聲音。

「閉嘴！」

帕吉低聲回應。

長椅那裡有路燈，所以我們從這邊看得見他們，但他們從那邊看過來，應該只會見到一片漆黑，看不到我們才對。博士大概也是立刻想到這一點，才關掉了手電筒。

「要、要往回走嗎？」

新來的這麼提議。帕吉和博士都默不作聲。

「不，我們往前走。」

我小聲卻堅定地這麼回。雖然我知道除了這條路，還有別條路可以下去，但那條路更暗、更可怕。而且，我那被點燃的好奇心壓過了內心的恐懼。

因為我隱約聽見坐在長椅上的幾個西裝男正在講話的聲音。儘管我聽不清楚在說些什麼，但他們確實在交談。只要再向前走一點，應該就聽得見了。我開始緩慢地朝長椅邁出步伐。

---

1 雙關語，「五」的日文是「ご」（GO），「蘋果汁」是「りんごジュース」（RINGOJYUUSU），把底下有畫線的讀音組合起來，就是「臨終」的日文「ごりんじゅう」（GORINJYUU）。

大家無奈地跟在我後面。想必是不管留在原地或回頭都太恐怖了，他們現在只剩下一個選項，就是跟著受好奇心驅使的我向前走。

那群西裝男依然面對面交談著。兩張長椅的中間，大約相隔了兩公尺的距離。我朝著那裡筆直前進。

在通過兩張長椅中間的那瞬間，我簡直就像電車的車掌一樣，大聲說「我要過了」才走過去。那一刻鑽進耳裡的對話，詭異得筆墨難以形容。

等我回過神，大家都在漆黑的坡道上跑了起來。令人意外的是，嗷嗷居然跑第一個。一行人就直接跑回停腳踏車的地方，不曾稍停。

「那些人是怎麼回事？」帕吉上氣不接下氣地說。

「先別管這個，你有聽到他們的對話嗎？」

「我們先離開這裡再說。」

我說完，便跨上腳踏車正準備從公園入口騎出去時，那些傢伙忽然以極快的速度從坡道朝這裡跑下來。

而且異口同聲地快速發出我們穿過長椅時聽見的那些奇異語言。

「雷羅拉伊那卡哈尼、欸鐵拉夫拉夫伊嘎伊……」

「唔哇——」

我們放聲大叫，立刻騎腳踏車離開，使出吃奶的力氣一路直奔公園附近一家名叫船岡溫泉的澡堂，一心只想先去人多的地方再說。真的是拼盡全力了。因此，當我們衝進來往穿梭的人潮之中，忽然回到日常的那瞬間，該說是原本緊繃的神經鬆開了，還是突然覺得我們好像一群傻瓜呢……？從人煙罕見的公園，表情扭曲、全力踩腳踏車衝過來的我們，和剛才從坡道上狂奔下來的那群西裝男，看起來大概差不多瘋狂吧。

所有人都滿頭大汗，我們便直接進了澡堂。

「嘿嘿，水盆果然在最後派上用場了吧！」

「不對喔，日出志，最後派上用場的是泡完澡後的那一瓶蘋果汁。」說完，新來的笑了。

那些西裝男到底是誰，至今依然成謎。不，就連他們是否真的存在，這一點都無法確定。不過那個夜晚的經驗，開啟了我對於未知世界、不可思議事物的大門。同時間，那次之後我們五個人便相互發誓，絕對不要再出於好玩的心態跑去靈異景點了。

惡作劇

「好久不見，最近好嗎？」

打電話來問候的，是我的童年玩伴Ａ。

Ａ和我從小學就認識了，長大成人後依然會相約出遊。不過自從他結婚以後，我們碰面的次數自然是直線下滑，上次聽見他的聲音，大概也有五年前了。原以為這通久違的電話是要來邀我去哪裡玩，結果完全不是這麼一回事。

「這麼久沒聯絡，一打電話就講這種事真不好意思，不過……」

Ａ顯得有些難以啟齒，不過還是開始斷斷續續地說。

在父親過世後，Ａ和太太、媽媽三個人一起住。因為他媽媽最近常講一些奇怪的話，Ａ問我願不願意聽他把事情原原本本敘述一遍。

A的家距離我的寺院開車大約十分鐘。我決定配合A的休假時間，去一趟他家。

過幾天，我抵達A的家時，第一個衝到玄關前迎接我的是名叫「佩斯」的大型黃金獵犬。我記憶中的佩斯還是一隻小狗，現在居然長這麼大一隻了，嚇我一大跳。牠友好地朝我搖尾巴，說不定還記得以前的事呢。

「好久不見，突然找你，真不好意思。」

A從玄關深處探出頭來，請我進門。

廚房裡，A的太太和媽媽已經準備好正等著我的到來。A的媽媽雙手合掌說：「你好，你這麼忙還麻煩你跑一趟，真不好意思。」低頭致意。我回答她沒關係，同時觀察她的模樣，從外貌看起來依然是一位開朗的關西婆婆。

「好久不見。」一面打招呼一面端上茶的是A的太太。她的精神看起來也很好。

「不好意思，就先請你聽我媽說吧。」

A向我拋出這句話，替他媽媽製造開口的機會。

「其實呀，已經算是差不多解決一半了……」A的媽媽道出的那段經歷，在我至今聽聞過的各種故事中，也算是特別有意思的。

那是A的媽媽在浴室洗頭時發生的事。A的媽媽由於頭髮過肩，都是弓著身子讓頭髮垂到前面洗，洗好後再像歌舞伎的連獅子一樣把頭往後一甩，將頭髮甩回背後。

每次她將頭髮甩回背後的那一瞬間，就有個什麼東西會從背後扯她的頭髮。而且可不是輕輕一拉，是會讓她不由自主地仰頭看向天花板那麼用力。不過看到天花板的那瞬間，那股力道就會頓時消失無蹤。這個情況從兩星期前開始出現，至今仍持續發生。

說到這裡，他們問我：「三木，你怎麼看？」我提出了三個有疑問的地方。

首先第一個是，A和A的太太頭髮都比媽媽還要長，但兩人卻沒有被扯頭髮嗎？

答案是，沒有。兩人一次都不曾遇到過，他們還擔心媽媽是不是精神出狀況了，才打電話給我。

第二個疑問是，從兩個星期前開始這一點。難道兩個星期前有發生什麼可能是原因的事情嗎？

最後是第三個，A的媽媽在開始敘述前說「差不多解決一半了」，那是什麼意思呢？

A和其他兩人互望，像在說「沒找錯人」似地朝彼此點頭，才開口回答後面兩個問題。

果然，解決這起怪異現象的關鍵，正好就發生在兩星期以前。

兩星期前，A的媽媽去幫忙住在附近的女性友人搬家。搬家公司的員工動作俐落，進度很順利，就在快搬完的時候，

「那個我要丟掉，請不要放上卡車。」

那位女性朋友向搬家公司的員工這麼說。搬家公司的員工手中，正拿著一個

三十公分左右的娃娃。長得像Q比娃娃放大版的塑膠製玩具，還有一頭長度及腰的褐色頭髮。

「這個娃娃要丟掉？」

「對。朋友曉得我膽小，不知道從哪裡找來故意嚇我的。但要丟掉，我又覺得有一點恐怖，剛好就趁這個機會請搬家公司的人幫我處理掉。」

這時，A的母親想開開玩笑打發時間，拿過那個娃娃，一面說「帶我一起去啦——」，一面將娃娃湊近朋友的臉。看到那位女性友人嚇到大喊「拜託妳不要這樣」，連搬家公司的員工也跟著哈哈大笑。

一旦對方有反應就更想繼續開玩笑，是關西人的天性。A的媽媽得意忘形。伸手去拉娃娃的頭髮。沒想到才輕輕一拉，頭髮就脫落了。那個娃娃的頭頂東禿一塊西禿一塊的，顯得更詭異了。A的媽媽再拿變成這樣的娃娃去嚇她，女性朋友被嚇得眼眶開始泛淚，A的媽媽此時終於發現自己鬧過頭了，這才收手。

後來過沒多久，搬家公司的卡車先朝新家出發了。這時她們才注意到，原本要請搬家公司幫忙處理的娃娃被忘在房子裡了。女性友人嚇得要命，根本不可能帶去新家。而雖然A的媽媽只是想開玩笑嚇嚇朋友，卻把娃娃的頭髮都拔下來了，她心中多少有些罪惡感，便決定把那個娃娃帶回家。

A的媽媽肯定地說，就是帶那個娃娃回家之後才開始的。在浴室被扯頭髮。

我聽到這裡，老實說出心中的想法。

在浴室被扯頭髮這個現象，是A的媽媽在有真實體感的情況下體驗到的，而且還不是只有一次，是連續好幾天，那只要沒有說謊，應該就是事實了。只是，再怎麼說，一個娃娃有辦法引發這種現象嗎？如果從科學的角度來想，肯定是不可能。就算先假設是靈異現象好了，似乎也不能光憑兩星期前這個時間點吻合，就斷定一定是娃娃搞的鬼。

「不愧是三木。其實剛才會說差不多解決一半了，就是因為有確切證據可以知道搞鬼的是那個娃娃。」

語畢，A的媽媽又繼續往下講。

第一個星期時，她絲毫沒辦法反抗，只能每天都被扯頭髮。但A的媽媽心想，這樣下去自己只是一味挨打，想出了一個辦法。就是在洗完頭，將頭髮往後一甩的瞬間，先做出一個假動作，再迅速把臉轉到相反的方向。

假動作成功了，她看見後方伸出一隻手背，短短的手指用力敲了A媽媽的額頭便消失了。當時看到的那隻手，正是那個娃娃的手。

A的媽媽會說解決一半了，就是因為確定肇事者是娃娃了。

只不過，即使知道是誰在搞鬼，但要把那個娃娃像垃圾一樣丟掉，總覺得於心不安，不曉得該怎麼解決才好。

「所以，才會請三木你過來一趟。」A說。

「那個娃娃現在放在哪裡？」

「在二樓房間的壁櫥裡。」

我很訝異居然有這種現象存在，但仍然承諾會把那個娃娃帶回寺裡。

突然間，下起傾盆大雨。時間點太過剛好，A和A的媽媽都不敢去二樓的壁櫥拿娃娃出來，結果最後決定由我去拿。

「那我就上二樓了。」

就在我正要踩上樓梯時，忽然有東西猛烈撞我的小腿。是黃金獵犬佩斯。佩斯兇狠地瞪著我，發出低沉的威嚇聲。

Ａ一家人也嚇一大跳，設法安撫牠，但佩斯卻擋在我前面不停低吼。Ａ一家人說這是他們第一次聽見佩斯發出威嚇的聲音。

我去二樓可能會出問題。因為我一回到廚房的桌子旁，佩斯就冷靜下來，變回平時乖巧柔順的模樣。Ａ太太見狀就自告奮勇說：「我去拿。」果斷走上二樓。她應該是希望盡快處理掉那個娃娃吧。

我和Ａ、Ａ的媽媽決定一起待在廚房等。外頭似乎還下著雨，雨聲透過平開窗傳進來。

過了五分鐘，Ａ太太卻完全沒有要從二樓下來的跡象。Ａ屢次從樓梯下方詢問太太情況，也只聽見她說：「在哪裡啊？」「找不到呀。」

總之，看起來至少知道原因是什麼了，我寺院裡還有事，便決定先行告辭。

走到玄關，發現雨勢轉小了。我的車停在附近的停車場，向A和A媽媽道別後，我就小跑步跑向停車場。

我才跑了一段距離，A的太太就從後面拿著傘跑著追來了。我停下腳步，回頭看向A的太太，

「咦？那是誰？」我忍不住抬高音量。

朝我跑過來的A太太肩膀上，坐著一個小孩子。

就在A太太終於跑到我面前時，那個小孩子無預警地將臉湊近我耳邊大聲說：

「你怎麼沒說說他們！」

我反射性地將上半身向後仰，看向A的太太。即使我問：「這是什麼意思？」那個小孩子也沒有回答。A的太太一臉不可思議地看著我望向空無一物的方向自言自語，但她仍若無其事似地遞出傘，轉身回去了。

她的背影，依然有那個孩子坐在肩上。我愣愣望著，肩上那個孩子回過頭，露出不像小孩子該有的憤怒神情，朝這個方向說話。但我聽不見他的聲音。那個孩子應該就是有褐色長髮的Q比，頭上東禿一塊西禿一塊的。和A的媽媽對那個娃娃的形容正好吻合。

我又回到A的家。因為我認為自己搞懂所有事了。

那個娃娃是在哪裡製作出來，又經過怎麼樣的歷程去到A媽媽友人的家裡，這些細節我是不知道。但那個娃娃想要表達的，應該是「惡作劇也要有分寸」才對吧。我感受到那個娃娃對於A媽媽明知朋友不喜歡還一直嚇唬對方，甚至粗魯拔掉自己的頭髮，卻連個道歉都沒有的行徑十分憤怒。而且A媽媽根本沒有反省，娃娃多半是不願意在這種狀況下貿然被帶去寺裡吧。

A的媽媽同意我的想法，跟我保證會向娃娃道歉。這一刻，二樓忽然傳出聲響。大家正要上去查看情況時，才發現娃娃就躺在樓梯下方。這時，已經沒有人會說情況詭異了。A的媽媽一遍又一遍向娃娃道歉，然後我才將娃娃帶回寺裡供養。

在那之後，A的媽媽就不曾在浴室被扯過頭髮了。

這個故事令我想起一件事。小時候有一陣子我和朋友吵架了，卻一直說不出道歉的話，每天要去學校都覺得很尷尬。但自從鼓起勇氣向他說「對不起」之後，我們又像之前一樣要好了，我也能每天快快樂樂去上學。

即使有時候自己只是在開玩笑，對方也可能會感到受傷、難受。意識到自己傷到對方時，有勇氣坦率道歉很重要。這是那個娃娃教給我的重要教誨。

自殺志願者

「上吊好了。我當時就是這麼想。」

塩崎先生開始敘述自己的故事。

他在三十幾歲時創立了一家建築相關企業，不過大約十五年之後，經營愈來愈困難，開始連員工的薪水都付不出來，最後只好連夜逃離家裡。

「我父母都過世了，也沒有兄弟姊妹，更沒有老婆小孩，完完全全就是孤身一人，因此只要躲開現實，一切就結束了。我當時是這麼想的。」

他決定要乘夜逃走，是在櫻花已開始落英繽紛，五月初黃金週連假最後一天的破曉時分。

塩崎先生抬起原先低垂的頭，娓娓道來。

我當然沒有告訴員工，連朋友或常去的居酒屋老闆，我都沒有透露一個字，就趁著月黑風高逃走了。背包家裡面有，我只塞進了身邊僅有的一點現金和少量衣服。欠的債沒能償還，令我內心有深深的罪惡感，當然對員工也是感到非常抱歉。但我當時唯一的想法就是，就算再繼續努力，情況也不會有任何好轉，乾脆以死謝罪。

光是看著路上行人就會令我感到痛苦萬分，為什麼只有我一個人這麼苦呢？我大為光火，接著又悲從中來。我都要自殺了，還在考慮要注意別給其他人添麻煩，而且到人生的盡頭，心裡仍滿是對這個世界的歉疚，這樣的自己實在太丟人了。不過我依然搜尋了不少自殺地點，並實際前往各地探勘，最終選定關東的一座大森林。這座森林因為有很多人來自殺而出名，平常不太會有人去。所以，我認為選那裡應該就不會給任何人添麻煩。

我到達那座森林時，已經接近傍晚時分。森林的入口，到處立著呼籲大眾不要自殺的看板。

「我們再一起想想辦法吧。電話○○○—○○○○。」

「請珍惜父母賜予的生命。」

一想到居然還有人願意幫助像我這種無可救藥的傢伙，我光是閱讀看板上的文字，眼淚就流了出來。其中也有看板上面寫，「要死回家去死啦 你的喪葬費會浪費當地居民的稅金。」

說的也是，要是遺體被人發現，也會給警方添麻煩。我在心中暗自發誓，絕對不能被發現。

趁著天還稍亮，我踏進森林，準備往深處走去。幸好在進森林的路上沒遇見任何人。我一心一意地往裡面走。環顧四周，才發現自己已經搞不清楚剛才是從哪個方向過來的了，真切體會到森林的恐怖之處。

我判斷自己已深入林中，決定在此地享用最後的晚餐。說是這麼說，也不過就是在便利商店買的一個麵包和罐裝咖啡。肚子其實不太餓，但我仍是慢慢品嚐才吞下肚。一面吃，我一面回想至今的人生。真不可思議，我想起的全都是幸福的時光。明明打算自我了結，卻意外地第一次明白原來自己此生很幸福。

吃完麵包和罐裝咖啡時，四周已相當暗了。

差不多該來準備了。我從背包取出路上買的粗草繩。

我四處張望，想看有沒有哪一棵樹適合綁這條繩子，卻都找不著。就算看到了枝幹結實的樹，但那又必須爬到高處綁繩子才行。這時我才第一次發現，條件剛好的樹其實很少。

特別是我運動神經又不發達，爬樹對我來說根本是天方夜譚。我也考慮過出去買菜刀或刀子回來，但我身上的錢連買這些工具都不夠。我打從心底嫌棄到最後都這麼沒用的自己。

這時，四周已徹底一片漆黑。我心想，乾脆就這樣直接餓死也不錯，便在地上躺下來。地面比想像中更冰涼，很難長時間躺著。我找到一顆倒下的樹，決定先靠著它睡一會兒。

林中萬籟俱寂，連一丁點聲響都沒有，月光也被茂密的枝葉遮擋，照不到地上來。但我還是好想要看最後一次月亮，一直仰望著天空。

一瞬間，樹上好像有什麼東西在動。下一刻，原本寂靜無聲的森林，響起了枝葉晃動嘎沙嘎沙的聲音。實在太諷刺了。我都決定要尋死了，照理說應該沒什麼好怕的，卻還是因為不知道那是什麼東西而心生恐懼。

我繃緊身體，躲進倒塌樹幹的陰影下方，嘎沙嘎沙的聲音又再度響起。我定睛看向聲音傳來的方向，結果在大約五公尺高的樹枝附近，清楚看到有東西在動。我將上半身探出倒塌的樹幹，凝神細看，才確定那個在樹枝上晃動的黑影，明顯是一個人影。那道黑影像坐盪鞦韆一樣坐到樹枝上，再順勢從樹枝跳下來。

「他要自殺。」

腦中閃過這念頭的同時，身體已躍過倒塌的樹木，一心想爬上那棵樹。

「你不要衝動！」我無意識地大喊，正要攀上樹枝那瞬間，咚地一聲巨響，那道黑影落到地面上。

「痛死我了……」

男性粗厚的聲音響起，我看向那個方向，一位男性摀著脖子倒在地上。

「你還好嗎？」

我出聲關切，男性發出殺豬似的慘叫聲，嚇我一跳。

「你是活人嗎？」那位男性問我。剛才我全部的注意力都灌注在他身上，直到聽見這個問題，才頓時恢復神智。

「啊，對，我是活人。」

「這樣呀，在地人嗎？」

「不不，不是。」

「那你在這裡做什麼？」

我老實回答自己是來自殺的。他就追問，「為什麼一個來自殺的人要阻止我自殺呢？」

我自己也感到不可思議。我明明是來自殺的，為什麼會不忍心看別人自殺呢？

這位男性說他靠著倒塌的樹木和樹枝，好不容易才爬上他看中的那根樹枝，綁上繩子，再繞出一個圈，套在脖子上，跳下來。不料套在脖子上的那一圈繩子鬆開了，他才會掉下來。

「看來我們兩個到人生盡頭都還是一樣遜呢。」

那位男性這麼說，兩人不禁都笑起來。

或許是因為周遭一片漆黑，連彼此的臉都看不太清楚的緣故吧。兩人毫無顧忌地暢所欲言，簡直就像認識多年的朋友重逢似的。

好久沒有這種放鬆、愉快的感覺了，不知不覺，陽光已射進樹林中。從那位男性的臉看起來，年紀應該比我大上十歲左右。

錯失自殺良機的我們，彼此都有些捨不得就此別過，便決定先走出森林。

兩人為了尋找森林的出口，走了好幾個小時。那絕非難熬的時光，反倒十分開心。

終於走出森林時，那位男性提議：

「我身上還有一點錢，不如我們就去附近找個地方住到這些錢花光為止，你覺得怎麼樣？」

我身上沒錢了，但他表示要連同我的份一起出，我就決定接受他的好意，一起去鄰近的旅館住宿。

泡完澡後，兩人一起吃晚餐，暢聊彼此至今的人生經驗，那些艱難的時刻，以及快樂的事情。那位男性原本也在經營公司，和我走過相似的人生軌跡。不過我們有事先約好，絕對不向彼此透露一件事。那就是名字。因為我們擔心要是知道了對方的名字，肯定會萌生感情，就沒辦法自殺了。

住在那間旅館的第三天早上，那位男性提議明天一早離開旅館。最後，他向我這麼說：

「一個打算自殺的人這樣說可能很奇怪，但你要不要再給自己的人生一次機會？」

我回答，可是我沒錢，又背棄了許多人的信任才來到這裡，根本不可能重新來過。

「說的也是呢。」

他的遭遇大概也和我差不多吧？他點頭時的神情看起來極為憂傷。

隔天早上我醒來時，那位男性已經不在房裡。我詢問旅館人員，才知道他一早就結完住宿費離開了。他說不定是認為，打算自絕性命的兩個人要是在最後說上幾句話，決心可能會動搖。

我也離開旅館吧。我回房間拿起背包，忽然發現背包沉甸甸的。我訝異地打開背包一看，裡面有一個大信封，信封裡居然是將近一百萬日圓的一大筆錢。

「請你再努力試一次看看。」

我緊緊握住男性寫在信封上的最後一句話，衝出旅館去找他，但很遺憾最後並沒找到。

我很煩惱。煩惱到都快死掉了。要是我現在再跑去自殺，就等於連那位男性都背叛了。我遲疑再三，最終，沒有再踏入森林。

就再努力一次吧。我用那位男性送的那筆錢，租了一個房間，打工存錢，終於開了一間公司。這次絕對不能失敗！我每天都勤奮工作。

可是——我肯定有什麼不足之處。我應該早點注意到的。起初發展得一帆風順的公司，大概才三年就開始後繼無力，最後又破產了。

那位男性特地為我創造的機會，我卻沒能把握住，內心再次陷入深深、深深的罪惡感。

等我回過神來，人已站在車站的月台上。我沒有力氣再活下去了，要找地方尋死也太麻煩了，這次一定要用不會遇上任何勸阻，萬無一失死得了的方法。我內心沒有一絲猶豫，一鼓作氣從月台跳下去。

電車還沒進站，月台上的人群喧嚷起來。我就蹲在鐵軌上，靜候電車駛來。

就在那個時候，有一個人從月台跳下來，來到我身邊。然後用力按住我的肩膀，在我耳邊低語：

「我們一起死吧。」

我反射性轉過頭看見他的長相，一股寒意竄上背脊。一個眼窩凹陷、滿口爛牙、骨瘦如柴的男人。怎麼看都不像活人的那傢伙，使勁按住我的雙肩。自殺的事已經被我拋到九霄雲外。我怕得不得了，拼命掙扎想要站起來，但那傢伙力氣大得不尋常，被他按住雙肩的我根本起不了身。

「放開，你放開我！」

我使出連自己都訝異的全身力氣才揮開他的手，退到鐵軌外面。

回頭一看，鐵軌上，站著過去在森林遇見的那位男性。

「不要輸給人生。再努力一次。不要逃避，活下去。連我的份一起……」

在他說完前，電車就撞飛了那位男性。

後來，我被警察和鐵路公司的人員狠狠教訓了一頓。電車緊急剎車後，駕駛表示確實有撞到人，卻找不到任何相關痕跡，現場只有一個原本想自殺，卻嚇得臨陣脫逃的沒用男人。事實就是這麼一回事而已。

「那位男性，後來，說不定又踏入森林了結了生命。跳下鐵軌來的，一定是森林裡那個人錯不了。」

塩崎先生後來吃盡各種苦頭，但目前他經營的公司已超過百名員工，而且每年都會提撥一部分營業額捐給慈善單位。

「塩崎先生，你這次之所以來寺裡參拜，是想要供養那位男性吧？」

我這麼問，塩崎先生搖搖頭。

「不是。我這次來是希望拜託住持，供養所有自絕性命的亡靈。自殺，是錯的。但那些一時想不開，以為自己只剩下這條路的人，說不定有一些人在過世以後會後悔。因此我想要長期供養所有自殺的亡靈，為了這個心願，我這一路走來非常努力，未來也會繼續努力。」

一直到今天，塩崎先生依然持續供養著。在那座森林裡遇見的男性，想必也在那個世界為他加油吧。證據就是，塩崎先生的肩膀上，一位脖子上有痣的男性正微笑著。

言之葉

運氣好的人和運氣差的人，究竟是哪裡不一樣呢？

運氣或許超越了人類智慧可控的範圍，但我認為一個人的心念可以扭轉命運。那麼我們又該把心念放在哪裡呢？

答案主要有兩個。其一是「語言」。

一個人命運中的「運」，取決於他平時都說些怎麼樣的語言。

話語在日文中也稱為「言之葉」。換句話說，如果將人生比喻為一棵巨大的樹木，那麼語言就是樹葉，要是樹葉出了問題，就沒辦法將營養輸送到每一個地方，樹幹本身也會出現問題。

而且，「文字」也是具有靈魂的。寫出惡劣的文字，也就是寫些酸言酸語的行為，也會成為讓人生巨樹腐爛的關鍵原因。

好運的人說話總是溫暖得體，講話難聽的人則運氣都不好。

除了這些，還有另一個重要因素就是「行為」。

就算話說得再得體、再無懈可擊，只要行為有所偏差，幸運也會大打折扣。相反地，只要一直行為端正，就能開創自己的好運。

如果你想變得幸運，關鍵就在於保持端正的語言及行為。

後記

目前，我打著「怪談傳法」的名號，在各地舉辦靈異故事現場活動。不過一開始說靈異故事的契機，其實是一群深夜聚集在公園裡的年輕人。

當時我剛從大學畢業，儘管尚未成為寺廟的住持，但我渴望推廣佛教的熱忱比別人要更多上數倍。

我想要找地方傳法，便在晚上去了公園。那裡有幾位十幾歲的青少年。如果問我為什麼要在晚上去公園，那是因為會在公園待到深夜的人，肯定是時間多到不知該如何打發才好。

「晚安。」我主動搭話，但他們一開始根本不太理睬我。

於是，我就問他們想不想聽僧人講靈異故事，結果馬上就有很多年輕人聚過來了。後來發展到一個月裡，我會數度在各種地點講靈異故事。

他們聽我講靈異故事一陣子之後，慢慢也開始會在言談中提及故事裡蘊含的教誨，比方說世人的職責、佛教觀念等。

這就是從靈異故事學習智慧，怪談傳法的開端。

偶爾也會有電視台或廣播電台邀請我上節目，但那種場合由於有時間限制，對方常捨棄傳法的部分，我變成只是單純去講恐怖故事。因此原汁原味的怪談傳法，還是必須靠現場活動的形式才得以實現。

這次，我能延續上一本著作《京都怪奇談》，撰寫內容包含傳法的京都怪奇談第二集，心裡很高興，也充滿感激。出版這本書的過程中，受到許多相關人士的協助，我由衷感謝。

更幸運的是邀請到靈異故事界的先驅，我真心尊敬的一位講者，稻川淳二先生推薦，我內心無比感謝。

我曾多次在電視台的工作上與稻川先生碰頭，但他對我的意義遠超過單純的合作夥伴。我之所以這麼說，是因為我能持續怪談傳法到今天，都是拜稻川先生所賜。

過去我曾遭到許多人批評，說我身為一個僧人卻講述靈異故事，未免也太輕率了吧。或是說我上電視就是很想紅吧。

但當我找稻川先生商量時，他卻鼓勵我：「三木，你講靈異故事是在傳法，所以請你不要洩氣，繼續講下去。」

因為有他的這句話，我才能夠稍微振作起來，願意再堅持一陣子，最終也才能夠一路走到今天。即使是現在，想必仍有人認為僧人講靈異故事不太合宜吧。我能理解這種心情，但與此同時，也有人因為聽了我的怪談傳法而皈依佛門。

這件事，也是讓我慶幸有堅持下來的原因之一。然而，要是沒有稻川淳二先生當時的那句話，我就沒辦法結佛緣了。

再次感謝稻川淳二先生。

最後，最重要的是，我要感謝看完本書的各位讀者，真心感激不盡。我由衷祈求各位福報充盈。

令和元年 八月一日 於京都蓮久寺

三木大雲

京都怪奇談 2

続・怪談和尚の京都怪奇譚

作　　者　三木大雲
譯　　者　徐欣怡
主　　編　林玟萱

總 編 輯　李映慧
執 行 長　陳旭華（steve@bookrep.com.tw）

出　　版　大牌出版 / 遠足文化事業股份有限公司
發　　行　遠足文化事業股份有限公司（讀書共和國出版集團）
地　　址　23141 新北市新店區民權路 108-2 號 9 樓
電　　話　+886-2-2218-1417
郵撥帳號　19504465 遠足文化事業股份有限公司

封面設計　許晉維
排　　版　新鑫電腦排版工作室
印　　製　成陽印刷股份有限公司
法律顧問　華洋法律事務所　蘇文生律師

定　　價　390 元
初　　版　2023 年 08 月

電子書 E-ISBN
9786267305805（PDF）
9786267305812（EPUB）

國家圖書館出版品預行編目資料

京都怪奇談 2 / 三木大雲 著 ; 徐欣怡 譯. -- 初版. -- 新北市 : 大牌出版,
遠足文化發行 , 2023.08
240 面 ;14.8×21 公分
譯自 : 続・怪談和尚の京都怪奇譚
ISBN 978-626-7305-79-9 (平裝)
1. 民間故事　2. 日本京都市

539.531　　112011643